नेतृत्व और प्रशासन

जैसा मैंने देखा...

डॉ. किरण बेदी

फ्यूजन बुक्स

ISBN : 81-8419-335-1

प्रकाशक

फ्यूजन बुक्स

X-30, ओखला इंडस्ट्रियल एरिया, फेज-II

नई दिल्ली-110020

फोन : 011-41611861

ई-मेल : sales@dpb.in

वेबसाइट : www.dpb.in

संस्करण : **2015**

अनुवादिका

रचना भोला 'यामिनी'

Netritav Aur Prashasan

Jaisa Maine Dekha...

by

Dr. Kiran Bedi

यह पुस्तक क्यों

जैसा मैंने देखा, सुना तथा महसूस किया उस पर मेरी क्या प्रतिक्रिया होती? – चाहती तो नजरअंदाज कर सकती थी, टाल सकती थी या उस पर अपनी बात कह सकती थी। मेरे लिए यह जरूरी हो गया था कि जो कुछ मैंने अंदर से महसूस किया, उसको लिखूं। इसलिए मैंने 'ट्रिब्यून' तथा 'पंजाब केसरी' में लिखने का विचार बनाया। इसके अलावा अन्य समाचार–पत्रों के आग्रह को भी स्वीकार किया। फिर ये मेरी सोच तथा चिन्तन का हिस्सा बन गये।

हर लेख को मैंने अपना दिल तथा दिमाग एक करके लिखा। ऐसा करने के बाद मैंने ऐसे पंछी की तरह महसूस किया जो उड़ने के लिए स्वतंत्र हो।

मेरे लेखों का दूसरों के लिए कितना महत्त्व है यह मैं नहीं जानती लेकिन जो कुछ मैंने देखा तथा सुना उसे मैंने लिखने की जरूरत महसूस की। ऐसा मैं आगे भी करती रहूंगी।

आभार

मैं तहे दिल से श्री हरी जय सिंह, तत्कालीन संपादक, द ट्रिब्यून तथा श्रीमती किरण चोपड़ा, डायरेक्टर, पंजाब केसरी का आभार व्यक्त करती हूं जिनके आग्रह पर मैंने 'रिफ्लेक्शन' तथा 'चेतना' स्तम्भों में लगातार योगदान दिया।

मैं श्री रूपिंदर सिंह, सह–संपादक, द ट्रिब्यून व अतुल भारद्वाज का भी आभार व्यक्त करना चाहूंगी जिन्होंने स्तंभ को इस प्रकार व्यवस्थित किया कि जिसे पाठकों ने बेहद सराहा तथा अतुल जी ने बड़े ही शानदार ढंग से हिन्दी अनुवाद किया।

सुश्री कामिनी गोगिया तथा श्री सुरेश त्यागी की भी आभारी हूं जिनके सहयोग के बगैर मैं अपने कार्य को समय से अंजाम नहीं दे पाती।

मैं अपने परिवार के सहयोग को भी भुला नहीं पाऊंगी जिनके सहयोग के बगैर रिफ्लेक्ट करना संभव नहीं था।

मैं श्री नरेन्द्र कुमार, मैनेजिंग डायरेक्टर, फ्यूजन बुक्स की भी आभारी हूं जिन्होंने मेरे अनुभवों को हिन्दी में पुस्तक के रूप में प्रकाशित किया।

लेखक परिचय

डॉ. किरण बेदी भारतीय पुलिस सेवा की प्रथम वरिष्ठ महिला अधिकारी हैं। उन्होंने विभिन्न पदों पर रहते हुए अपनी कार्य–कुशलता का परिचय दिया है। वे संयुक्त आयुक्त पुलिस प्रशिक्षण तथा स्पेशल आयुक्त, खुफिया, दिल्ली पुलिस के पद पर कार्य कर चुकी हैं। इस समय वे संयुक्त राष्ट्र संघ के 'शांति स्थापना ऑपरेशन' विभाग में 'नागरिक पुलिस सलाहकार' के पद पर कार्यरत हैं। उन्हें वर्ष 2002 के लिए भारत की 'सबसे प्रशंसित महिला' तथा 'द ट्रिब्यून' के पाठकों ने उन्हें 'वर्ष की सर्वश्रेष्ठ महिला' चुना।

डॉ. बेदी का जन्म सन् 1949 में पंजाब के अमृतसर शहर में हुआ। वे श्रीमती प्रेमलता तथा श्री प्रकाश लाल पेशावरिया की चार पुत्रियों में से दूसरी पुत्री हैं। उनके मानवीय एवं निडर दृष्टिकोण ने पुलिस कार्यप्रणाली एवं जेल सुधारों के लिए अनेक आधुनिक आयाम जुटाने में महत्त्वपूर्ण योगदान किया है। निःस्वार्थ कर्त्तव्यपरायणता के लिए उन्हें शौर्य पुरस्कार मिलने के अलावा अनेक कार्यों को सारी दुनिया में मान्यता मिली है जिसके परिणामस्वरूप एशिया का नोबल पुरस्कार कहे जाने वाले 'रमन मेगसेसे' पुरस्कार से उन्हें नवाजा गया। उनको मिलने वाले अंतर्राष्ट्रीय पुरस्कारों की श्रृंखला में शामिल हैं–जर्मन फाउंडेशन का जोसफ ब्यूज पुरस्कार, नार्वे के संगठन इंटरनेशनल ऑर्गेनाइजेशन ऑफ गुड टेम्पलर्स का ड्रग प्रिवेंशन एवं कंट्रोल के लिए दिया जाने वाला एशिया रीजन एवार्ड, जून 2001 में प्राप्त अमेरीकी मॉरीसन–टॉम निटकॉफ पुरस्कार तथा इटली का 'वूमन ऑफ द इयर 2002' पुरस्कार।

व्यावसायिक योगदान के अलावा उनके द्वारा दो स्वयं सेवी संस्थाओं की स्थापना तथा पर्यवेक्षण किया जा रहा है। ये संस्थाएं हैं 1988 में स्थापित 'नव ज्योति' एवं 1994 में स्थापित 'इंडिया विजन फाउंडेशन'। ये संस्थाएं रोजना हजारों गरीब बेसहारा बच्चों तक पहुंचकर उन्हें प्राथमिक शिक्षा तथा स्त्रियों को

प्रौढ़ शिक्षा उपलब्ध कराती है। 'नव ज्योति' संस्था नशामुक्ति के लिए इलाज करने के साथ–साथ झुग्गी बस्तियों, ग्रामीण क्षेत्रों में तथा जेल के अंदर महिलाओं को व्यावसायिक प्रशिक्षण और परामर्श भी उपलब्ध कराती है। डॉ. बेदी तथा उनकी संस्थाओं को आज अंतर्राष्ट्रीय पहचान तथा स्वीकृति प्राप्त है। नशे की रोकथाम के लिए संयुक्त राष्ट्र द्वारा किया गया 'सर्ज साटिरोफ मेमोरियल अवार्ड' इसका ताजा प्रमाण है।

वे एशियाई टेनिस चैंपियन रही हैं। उन्होंने कानून की डिग्री के साथ–साथ 'ड्रग एब्यूज एण्ड डोमेस्टिक वायलेंस' विषय पर डॉक्टरेट की उपाधि भी प्राप्त की है। उन्होंने 'इट्स ऑलवेज पॉसिबल' तथा दो आत्मकथा 'आई डेयर' एवं 'काइंडली बेटन' नामक पुस्तक लिखी हैं। इसके अलावा यथार्थ जीवन पर आधारित वृतांतों का संकलन 'व्हाट वेंट रोंग' नाम से किया है। इसका हिन्दी रूपांतरण 'गलती किसकी' नाम से संकलित है। ये दोनों संकलन, दैनिक राष्ट्रीय समाचार पत्रों 'द टाइम्स ऑफ इंडिया' एवं 'नवभारत टाइम्स' में डॉ. बेदी के व्यक्तिगत अनुभवों पर आधारित, पाक्षिक स्तंभों से संबंधित हैं। 'जैसा मैंने देखा' पुस्तक राष्ट्रीय दैनिक 'पंजाब केसरी' में प्रकाशित होने वाले सत्य जीवन वृत्तांतों से संबंधित स्तंभ 'चेतना' पर आधारित है।

अनुक्रमणिका

1

जनता की आशाओं का भाषण

हम अपने राजनीतिक नेतृत्व से किस प्रकार के भाषणों की उम्मीद करते हैं? पर हमें उनसे क्या मिलता है? विदेश नीति पर बयान, पड़ोसी देशों को धमकी या बेहतर सरकार, बेहतर शासन व व्यवस्था की बातें। क्या रोटी, कपड़ा और मकान जैसे ज्वलंत मुद्दे उनके भाषणों में शामिल होते हैं? श्रोताओं के लिए क्या महत्त्वपूर्ण है—मंदिर या मस्जिद का मुद्दा या फिर किस दल के 'ए' नेता या किसी दल के 'बी' नेता? आप अतीत में हुई चुनावी रैलियों पर नजर डालें, जहां लोगों को फिल्मी सितारों का मनोरंजन भरा कार्यक्रम देखने को मिला और उन्होंने जमकर तालियां बजाईं। कुछ जगहों पर आपराधिक रिकार्ड वाले नेताओं ने भी रैलियों को संबोधित किया। उनके पास जनता को कहने के लिए क्या था और वह भी किस आधार पर कितनी विश्वसनीयता के साथ, किसी को मालूम नहीं है। असल में इस देश में इस तरह की घटना कोई आश्चर्य की बात नहीं है। सरकारी और राजनीतिक पद सरकार के खिलाफ काम करने वाले प्रमुख कारकों में से एक हैं। सत्ता और शक्ति के राजनीतिक 'पद' या 'कार्यकाल' को दूसरे शब्दों में अभिशासन और उसका प्रदर्शन या क्रियान्वयन भी कहा जा सकता है। फिर शासन के खिलाफ वोट और क्या ये नहीं साबित करता कि जनता ने प्रशासन के प्रदर्शन को नकारा है, जिसके तहत संपूर्ण नौकरशाही की कार्यप्रणाली भी शामिल है।

जनता अच्छा प्रशासन चाहती है जो उसे अच्छी सेवा प्रदान करने में समर्थ हो। लोगों की परेशानियां दूर करें और उन्हें आंतरिक सुरक्षा प्रदान कर बेहतर भविष्य दे सके। इस सब के संदर्भ में वे एक अच्छा भाषण अपने क्षेत्र में सुनना पसंद करती। वस्तुतः जनता अपने नेतृत्व से जैसा भाषण सुनना पसंद करती है उस भाषण को मैं अपने शब्दों में बांटने का प्रयास कर रही हूं। और हां, कही गई बातों पर अमल किए जाने

पर खुशी होगी। मैं यहां भारत की जनता की ओर से अपेक्षित आदर्श भाषण उन विजयी नेताओं के लिए पेश कर रही हूं जो फिर चुनाव जीत कर संसद में पहुंचे हैं।

"मेरे देशवासियों" मैं आप सबको अपना प्रतिनिधि चुनने के लिए धन्यवाद देता हूं। मैं आप सबको यह आश्वासन देता हूं कि मैं आपके चुनाव को सही साबित करूंगा। आपके लिए मैं हमेशा आपके साथ खड़ा रहूंगा और पूरे क्षेत्र का प्रतिनिधित्व करूंगा। न सिर्फ उनको जिन्होंने मुझे वोट दिया है बल्कि उनके लिए भी जिन्होंने मुझे वोट नहीं दिया है। अब मैं आप सबके लाभ के लिए काम करूंगा। क्षेत्र की परेशानियों और मुद्दे ही मेरी प्राथमिकता होंगे। हमलोग की सबसे विभिन्न स्तरों की प्राथमिक जरूरतें पता करेंगे और उस पर काम करेंगे। इसके साथ हम सब मिल कर उपलब्ध संसाधनों से इसे दूर करेंगे। मुझे अपने क्षेत्र के विकास के लिए दिए 'मत' को किस प्रकार खर्च करना है इसे भी आपके समक्ष रखूंगा जिससे आप ये जान सकें कि किस मद में खर्च किया जा रहा है। हम सब साथ मिलकर काम करेंगे जिससे यह सुनिश्चित हो सके कि पैसा सही जगह खर्च किया जा रहा है और हरेक को अधिकतम लाभ मिल सकेगा। हम लोग स्थानीय लोगों का समूह बनाएंगे, जिससे सभी प्रोजेक्ट में पारदर्शिता आ सके। हम लोग सांझेदारी के सिद्धांत पर काम करेंगे, जो कि प्रशासनिक से लेकर शासन तथा ग्रामीण और शहरी सभी स्तरों पर होगी। मेरे दोस्तों हम लोग अपने क्षेत्र को ऐसा बनाएंगे जहां एक भी बच्चा स्कूल जाए बिना नहीं रहेगा, एक भी वयस्क ऐसा नहीं होगा, जिसने व्यावसायिक प्रशिक्षण नहीं लिया हो और न ही एक भी ट्यूबवैल और उद्योग बिना बिजली के रहेगा। हम सब ऐसा समाज देख रहे हैं, जहां कोई भी अपने आपको असुरक्षित महसूस नहीं करे और कोई भी अपराध छुपा नहीं रहे। हम सब अपने आपको ऐसा बनाएं, जिससे समाज अपराधमुक्त रहे। अपराधों पर अंकुश लगाने के अलावा हम अपराधियों के पुनर्वास के लिए भी कार्य करेंगे ताकि हम समाज को कलंकमुक्त रख सकें।

इसके साथ–साथ हम सिंचाई, जल प्रबंध की समुचित व्यवस्था भी सुनिश्चित करेंगे, जिससे भावी पीढ़ी को हमसे ज्यादा सुविधाएं मिल सकें। हम सब अपने क्षेत्र को उच्च उत्पादकता के दायरे में लाएंगे, जिससे हम ज्यादा रोजगार दिला सकें, साथ ही राष्ट्रीय कोष में ज्यादा से ज्यादा भागीदारी कर सकें। इन सब कार्यों के होने से एक सौहार्दपूर्ण वातावरण का निर्माण हो सकेगा। अभी आप देख रहे हैं कि हमारे पास करने के लिए काफी कुछ है। मैं 'हमारी सफलता' के प्रति आश्वस्त हूं। मैं आपको यह विश्वास दिलाता हूं कि आप मुझसे जो चाहेंगे, उसे मैं आपको सबसे पहले उपलब्ध कराऊंगा।

मैं विभिन्न क्षेत्रों में अलग–अलग समय में भी आपके साथ हूं। अपने कार्यक्रम पहले घोषित करूंगा ताकि आपको पहले से मालूम हो सके कि मैं आपके लिए आ

रहा हूं। जब मैं जाऊंगा तो जिला प्रशासन के पुलिस अधीक्षक, डीसीपी, एसएचओ, एसडीएम, एसडीओ सहित अन्य अधिकारियों और प्रमुख संगठनों के साथ आपकी जरूरतों पर चर्चा करूंगा और प्राथमिकता के अनुसार उन्हें पूरा करने का प्रयास करूंगा। मैं आपकी जरूरतों को पूरा करूंगा, लेकिन आप भी अपने लिए कुछ करें और अपने पड़ोसी की मदद कर एक जिम्मेदार नागरिक की भूमिका अदा करें।

> अगर आदर्श भाषण कार्यों में परिणित हो जाएं तो हमारे नेताओं को भरपूर समर्थन और वोट मिलेगा ताकि वे अपने कार्यों को जारी रख सकें।

आपने मुझे सीमित समय के लिए निर्वाचित किया है और मेरे पास करने के लिए काफी कुछ है। मैं यह नहीं जानता कि "मैं दुबारा चुने जाने लायक हूं या नहीं, फिर भी मैं अपने बताए गए कामों को पूरा करने का प्रयास करूंगा। मैं सार्वजनिक रूप से लोगों से जुड़ने से पहले अपनी और अपने परिवार की संपत्ति की भी सार्वजनिक घोषणा करूंगा और अपने उत्तदायित्वों को पूरा करने के बाद मैं आपके पास दुबारा निर्वाचित होने के लिए आऊंगा। आइए, हम सब मिलकर देश और भावी पीढ़ी के लिए कुछ करते हैं।" जब मैं यह 'आदर्श भाषण' लिख रही थी, तो और भाषण मेरे सामने आशा किरण की तरह आए। पहला था पंजाब के मुख्यमंत्री अमरेन्द्र सिंह का, जिसमें उन्होंने कहा, "यह सरकार पूर्णतः पारदर्शी होगी और लोगों को प्रशासन के कामों की जानकारी प्राप्त करने का पूर्ण अधिकार होगा। हम लोग गोर्बाच्योफ की सोशलिस्ट नीति की बराबरी करने का प्रयास करेंगे।" दूसरा भाषण मध्य प्रदेश के मुख्यमंत्री दिग्विजय सिंह का था जसमें उन्होंने कहा, "भारत की शासन व्यवस्था को सत्ता के दुरुपयोग और अहंकार के कारण अंततः बहुत नुकसान उठाना पड़ा। यही एक कारण है जिसके चलते सरकार और राज्य में अपनी बहुत सी पारंपरिक भूमिकाओं और कर्त्तव्यों को अपनी कार्यसूची में से हटा दिया है। मेरे विचार से प्रशासन और सत्ता को गरीब के दरवाजे तक जरूर पहुंचना चाहिए।" यदि हमारे इन दो मुख्यमंत्रियों के शब्द व्यवहार या कार्य में परिवर्तित हो जाएं तो संभवतः वैसा भारत बनने में देर नहीं लगेगी जैसे भारत का सपना हमारी पहली पीढ़ी के नेताओं से जनता आज तक देख रही है और न ही सत्ता के दुरुपयोग या कुशासन जैसी स्थिति होगी और न ही जनता को शासन के विरोध में मत देने की आवश्यकता पड़ेगी। सचमुच अगर 'आदर्श भाषण' कार्यों में परिणित हो जाएं तो हमारे नेताओं को भरपूर समर्थन और हरेक का वोट मिलेगा ताकि वे अपने कार्यों को जारी रख सकें। ❑

2

एशियाई नोबेल पुरस्कार है मेग्सेस अवार्ड

गत सप्ताह मैं विशेष कार्यक्रम 'एशियन पाथमेकर्स' कार्यक्रम में भाग लेने न्यूयार्क गई थी। यह कार्यक्रम रेमन मैग्सेसे फाउंडेशन से संबद्ध था। यह एक ऐसा संगठन है जो किसी व्यक्ति या संस्था के कार्य को रेमन मैग्सेसे पुरस्कार देकर अंतर्राष्ट्रीय मान्यता दिलाता है। यह पुरस्कार एशियाई व्यक्तित्वों एवं संगठनों को फिलीपींस के तृतीय राष्ट्रपति रेमन मैग्सेसे, जिनकी 1957 में विमान दुर्घटना में मृत्यु हो गई थी, की स्मृति में दिया जाता है। ये पुरस्कार सरकारी सेवा, सार्वजनिक (निजी) सेवा, सामुदायिक नेतृत्व, अंतर्राष्ट्रीय समझ–बूझ, पत्रकारिता, साहित्य तथा रचनात्मक संचार जैसे सात क्षेत्रों में से पांच में उत्कृष्ट कार्यों के लिए दिया जाता है।

सम्मानित व्यक्तियों को निःस्वार्थ सेवा कर एशियाई नई पीढ़ी के लिए आदर्श प्रस्तुत करने हेतु मान्यता प्रदान की जाती है। इन पुरस्कारों की स्थापना पचास के दशक के उत्तरार्द्ध में हुई थी, जिससे अब तक 230 से अधिक व्यक्तियों को सम्मानित किया जा चुका है और इसे 'एशियाई नोबेल पुरस्कार' कहा जाता है।

न्यूयार्क में आयोजित यह कार्यक्रम जिसमें मैं भी शामिल हुई थी, मैग्सेसे पुरस्कार से सम्मानित व्यक्तित्वों का सम्मेलन था। यह पहला अवसर था जब रेमन मैग्सेसे फाउंडेशन (आरएमएफ) संयुक्त राज्य अमरीका में विशेष कार्यक्रम द्वारा अमरीकी जनता की नजरों में आया। इस क्रम में आरएमएफ ने चार पुरस्कृत लोगों को चुने हुए अमरीकी जनता के सामने अपना–अपना योगदान प्रस्तुत करने के लिए बुलाया। इन चार आमंत्रित लोगों में पुरस्कार विजेता चीन के लियांग कोझी, थाईलैंड के प्रतिप उंगसोंगथमहता, फिलीपींस के जेस रोब्रेडो तथा भारत से मैं खुद शामिल थी।

पर्यावरण के क्षेत्र में कार्य करने के लिए लियांग कोझी ने चीन में प्रथम गैर सरकारी संगठन (एनजीओ) का पंजीकरण कराया। उन्हें वर्ष 2000 में चीन में

> मैं मानता हूं कि सरकार जनता की सेवक है न कि उसकी स्वामी।

पर्यावरण आंदोलन के साहसिक नेतृत्व के लिए यह पुरस्कार मिला। प्रतिप उंगसोंगथम को 1978 में शिक्षा, स्वास्थ्य एवं कलोंग टोय तटीय झुग्गी क्षेत्र में बच्चों में बेहतर भविष्य निर्माण हेतु क्रांतिकारी कार्यों के लिए यह पुरस्कार दिया गया। अब वह थाइलैंड की सम्मानित सीनेटरों में शामिल हैं। मेयर जेस रोब्रेडो को वर्ष 2000 में शहर में प्रभावी प्रबंधन एवं जनता को शक्ति हस्तांतरण के लिए तथा मुझे अपराध नियंत्रण, नशे के आदी लोगों के पुनर्वास एवं जेल सुधार कार्यक्रमों के लिए वर्ष 1994 में पुरस्कृत किया गया था।

मैं आपको यह बताना चाहती हूं कि मेयर रोब्रेडो ने अपने शहर में एक मेयर के रूप में क्या–क्या किया, जो कि हमारे देश में अधिकांशतः सुनने में भी नहीं आता पर हमारा सपना होता है कि काश यह सब संभव हो पाता।

उन्होंने अपने वक्तव्य में बताया कि जब वे शहर के मेयर बने थे उन्हें क्या कुछ विरासत में मिला था–भारी आर्थिक संकट, कर्मचारियों के लंबित भुगतान, नैतिकता का पतन, स्थानीय लचर अर्थव्यवस्था, रोजगार की समाप्त होती संभावनाएं, जिले के केंद्रीय व्यवसाय में अनियमितता तथा वित्त विभाग में नगर को प्रदत्त तृतीय दर्जा।

महापौर रोब्रेडो ने बताया कि उनके सामने तीन विकल्प थे–1. वह कुछ भी न करें क्योंकि जनाधार कमजोर था, 2. संविधान के अनुकूल ही कार्य करें अर्थात् ऐसे आदर्श प्रस्तुत करें जिसमें जनता पर चाहे कुछ गुजरे लेकिन वह कानून के मुताबिक ही कार्य करेंगे तथा तीसरा विकल्प ऐसा नेतृत्व प्रदान करना था जो परंपरा से बिल्कुल हटकर हो, जिसमें जनता पर शासन करने की बजाए उसे सशक्त एवं योग्य बनाया जाए, जनता से मिलकर उससे सलाह कर उसे सत्ता में भागीदारी के लिए तैयार करें तथा जन विकास कार्य करें।

मेयर जेस रोब्रेडो ने गैर पारंपरिक रास्ता चुना। उन्होंने और उनकी टीम ने अपने वरिष्ठ राजनीतिज्ञों की सलाह के उलट पूरी तरह अपने आपको जनता के हाथों में सौंप दिया। उन्होंने समाज के सभी तबकों, बाजार में बड़े से बड़े व्यापारियों से लेकर छोटे दुकानदारों, वाहन चालकों, किसानों, मजदूरों, क्लबों, व्यावसायिक संघों, अग्रणी व्यवसायियों तथा गैर सरकारी संगठनों को संगठित करना शुरु किया। उनके हित सुरक्षित करने के लिए उनकी समस्याओं के समाधान का जिम्मा लिया ताकि समाज से बुराई, शहरी गंद, लाल फीताशाही, व्यभिचार एवं भ्रष्टाचार दूर कर लोगों का विश्वास जीता जा सके।

उन्होंने आगे कहा कि 'मैंने निकाय स्तर पर 'जनसत्ता' के सिद्धांत को देश में पहली बार जन सशक्तिकरण अध्यादेश जारी कर जनभागीदारी वाले सुशासन को संस्थागत किया।'

टीम के संयुक्त प्रयास से नगर के जन प्रतिनिधियों की फेडरेशन बनाई, सौ से ऊपर गैर लाभ, गैर सरकारी तथा जन संगठनों की स्थापना हुई, जिसमें अन्य चुने प्रतिनिधियों के अतिरिक्त निकाय के विशेष समिति सदस्यों का उन्हीं में से चयन किया गया, जिन्होंने नगर निकाय सत्ता की नीति निर्धारण प्रक्रिया में प्रभावी भूमिका निभाई।

जेस रोब्रेडो के मेयर के रूप में तीसरे कार्यकाल की समाप्ति पर 'नागा' नगर अपनी पूर्व की गरिमा प्राप्त कर चुका था। यह देश में सर्वाधिक आर्थिक विकास दर तथा न्यूतनम गरीबी वृद्धि दर थी। जनता को गौरव प्राप्त हो चुका था, निजी उपक्रमों का विश्वास जागा, उत्पादन बढ़ा तथा निगम कर्मचारियों का नैतिक उत्थान हुआ व उन्हें खोया सम्मान मिला।

महापौर रोब्रेडो ने कहा कि 'हमने सीखा कब नेतृत्व करना है और कब नेतृत्व में जाना है। सुशासन एवं नेतृत्व सरलता से हटने वाला नहीं है जबकि प्रक्रिया बदलना आसान है। प्रभावी सुशासन 'जनकेंद्रित' होता है न कि 'नेता केंद्रित'।

आज हम अपने देश में सूचना क्रांति, साइबर कैफे तथा सूचना अधिकार कानून आदि की बात करते हैं। रोब्रेडो के नागा नगर में पिछले चार वर्षों से एक वेब साइट कार्यरत है जो नगर के बजट एवं क्रियान्वयन, ठेका सूचनाएं तथा अन्य वित्तीय सूचनाएं जनता को उपलब्ध कराता है ताकि उसे यह पता चले कि उसके धन का व्यय कहां और कैसे होता है।

हमारे राजनेताओं तथा नौकरशाहों को प्रशिक्षण के लिए अमरीका या ब्रिटेन जाने की जरूरत नहीं है। वे फिलीपींस जा सकते हैं, जो हमारे नजदीक है या फिर सलाह प्राप्त करने के लिए हम रोब्रेडो को विशेषतौर पर आमंत्रित कर सकते हैं। यदि हम चाहें तो वहां सीखने के लिए बहुत कुछ होगा।

अंत में मैंने रोब्रेडो से पूछा कि आपको यह सब करने की कैसे सूझी? उन्होंने बताया, 'क्योंकि मैं मानता हूं कि सरकार जनता की सेवक है न कि उसकी स्वामी।' अतः यह संभव हो पाया।'

❑

3

रोटरी आंदोलन का कार्यक्षेत्र

पिछले दिनों मैंने चंडीगढ़ में रोटरी क्लब द्वारा आयोजित शिक्षक नियुक्ति समारोह में भाग लेकर अपने स्वयं की इस बंदिश को कि रविवार के दिन किसी भी सामाजिक समारोह में भाग नहीं लेना है, तोड़ दिया है। यहां पर मुख्य अतिथि के तौर पर यहीं की छात्रा थी। शिक्षक थे डॉ. बलराम गुप्ता और छात्र थी मैं। डॉ. गुप्ता वकील हैं, कानूनविद और व्याख्याता जिसने पंजाब विश्वविद्यालय में हजारों छात्रों को कानून की शिक्षा दी। डॉ. गुप्ता के छात्र देश और विदेश में उनका नाम रोशन कर रहे हैं। साथ ही साथ राजनीति प्रशासनिक और न्यायिक क्षेत्रों में उच्च पदों पर आसीन हैं। इस समारोह के श्रोताओं और दर्शकों में बार और बैंच के वरिष्ठ सदस्यों सहित 200 रोटेरियन और शहर के कई गणमान्य व्यक्ति मौजूद थे।

श्री गुप्ता ने अपने एक वर्ष के कार्यक्रम की रूपरेखा खींची। इसमें से प्रमुख थी–1. कैदियों के लिए काम करना, 2. जरूरतमंदों के लिए व्यावसायिक शिक्षा देना, 3. पिछले अध्यक्ष के कार्यकाल में चल रहे कार्यक्रमों को जारी रखना। इसमें ड्रग से बचाव के लिए शिक्षा को भी जोड़ा गया, जिसे रोटरी इंटरनेशनल के पहले भारतीय निर्देशक राजा साबू ने शुरू किया था। राजा साबू की यह उपलब्धि भारत और भारतीयों के लिए गर्व की बात है।

कार्यक्रम में आरंभिक वक्तव्य सुनने के बाद मेरी बारी आई। मैं इस समारोह में बिना किसी पूर्व तैयारी के गई थी। मेरी सलाह की प्रेरणा मंच पर सुने गए व्यक्तियों से आई और जब समारोह में मेरे नाम की घोषणा कर दी गई तो परिस्थितियां थोड़ी असहज लगीं, लेकिन मैंने इसे काफी प्रभावी ढंग से प्रस्तुत किया।

समारोह में उपस्थित रोटेरियन को मेरा मशविरा था कि और इसे स्वास्थ्य और

सामाजिक सुधार के दायरे तक सीमित नहीं किया जाए। आज जरूरत इस बात की है कि रोटेरियन अपने देश में एक अच्छे अभिशासन को परिस्थिति बनाएं। इससे मेरा अर्थ यह बिल्कुल नहीं है कि रोटेरियन राजनीति में आ जाएं और रोटरी पार्टी बनाकर अपना कार्य करें। मेरा तात्पर्य यह है कि रोटेरियन अपनी सामूहिक योजनाओं में एक अच्छे शासन पर भी समान ध्यान दें। इसे जिला, राज्य और राष्ट्रीय स्तर पर करने का प्रयास किया जाना चाहिए। इसे व्यवहार में लाने से मेरा अर्थ है कि गैर राजनीतिक ढंग से एक जिम्मेदार नागरिक के रूप में अपनी आवाज इस मुद्दे पर उठानी चाहिए। इसे प्रभाव से लागू करने के लिए व्यक्तित्व और सामूहिक तौर पर लोगों को समझना चाहिए। उदाहरणस्वरूप प्रदूषण, भ्रष्टाचार, यातायात, प्रबंधन, सूचना प्राप्त करने के अधिकार, न्याय आदि के बारे में लोगों को जागरूक करना आदि। चयनित मुद्दों की कार्यशाला में रखना चाहिए तथा वन टू वन के आधार पर लोगों से चर्चा करनी चाहिए। इसे सिर्फ व्यक्तिगत और सामूहिक प्रचार के लिए नहीं समझना चाहिए या प्रेस कांफ्रेंस के तौर पर नहीं लेना चाहिए, बल्कि एक अच्छे अभिशासन को ध्यान में रखकर कार्य करना चाहिए। व्यक्तिगत और गोपनीय स्तर पर बिना सार्वजनिक किए योजना निर्माताओं को शिक्षित किया जा सकता है तथा उन्हें उनके उत्तरदायित्वों को समझाया जा सकता है। अगर कुछ भी नहीं हो सका तो कम से कम योजना निर्माता और निर्णायकों को यह बात ध्यान में रहेगी और वे ज्यादा सतर्क रहेंगे और अन्यत्र स्थिति खत्म हो जाएगी।

अभी समय है कि रोटरी अराजनीतिक फोरम पर आए और अधिकारहीन लोगों के लिए अपने कार्यक्रमों को जारी रखते हुए इस आंदोलन को क्रमवार ढंग से जारी रखे। पल्स पोलियो की राष्ट्रव्यापी सफलता का एक अच्छा उदाहरण हमारे समक्ष है, लेकिन सामाजिक और सामुदायिक योजनाओं के आगे हमें और अधिक क्रियाशील और एक जिम्मेदार और जागरूक नागरिक के रूप में एक अच्छे अभिशासन के लिए उत्तरदायित्वपूर्ण भूमिका निभानी होगी। मैं एक बार फिर कह रही हूं कि मैं इस बात को अच्छी तरह जानती हूं कि यह सलाह थोड़ी विवादास्पद है, क्योंकि यह रोटरी क्लब के इस वर्ष के मिशन के आदर्श में शामिल नहीं है। रोटरी क्लब के इस वर्ष रोटरी का आदर्श वाक्य है 'शो द शोड्स ऑफ लव' यहां पर यदि मेरी सलाह मानी जाए तो एक दिन यह आदर्श वाक्य होगा–'एक अच्छे अभिशासन के बीच के दर्शन और उसे निरंतर प्रोएक्टिव रोटेरियन द्वारा पुष्पित और पल्लवित करते रहना।'

एक पूर्ण नागरिक के रूप में एक मुद्दा देश की राजनीति पर काफी बड़ा प्रभाव डालता है। सूचना का अधिकार, संपत्ति, शिक्षा का अधिकार, स्वास्थ्य की स्थिति और

राजनीतिक प्रतिनिधित्व की मांग ऐसे ही कुछ मुद्दे हैं। आवश्यकता इस बात की है कि रोटेरियन को एक नागरिक मंच के रूप में समय–समय पर अपने विचारों को आपस में बैठकर बांटना चाहिए। आज यह आवश्यकता हमारा राष्ट्रीय कर्त्तव्य बन गया है। आप कल्पना कीजिए जब गैर राजनीतिक मंच पर मध्य और उच्च वर्ग, प्रोफेशनल्स सरकार के साथ सिस्टमैटिक ढंग से बातचीत प्रारंभ करं देंगे। इसका क्या प्रभाव होगा, इस बात की जरूरत नहीं है तथाकथित नान वोटिंग शहरी लोगों की जरूरतों को भी ध्यान में रखना होगा। साथ ही रोटेरियन को हाशिए पर पड़े लोगों के मुद्दे को अपने कार्यक्रम में शामिल करना होगा। इस काम को जितना हो सके जमीनी स्तर पर शुरू करना होगा।

> ! आह्वान इस बात का है कि आज रोटरी गैर राजनीतिक नागरिकों की आवाज बने। !

आह्वान इस बात का है कि आज रोटरी गैर–राजनीतिक नागरिकों की आवाज बने। यदि ऐसा हुआ तो रोटरी बहुआयामी संस्थान बन सकता है और रिचुअल रोटरी से रियल रोटरी में परिवर्तित हो जाएगा जो कि व्यापक जन के फायदे के लिए काम करेगा। इसके साथ एक और सुझाव है कि रोटरी को यह काम अन्य संस्थाओं को गैर राजनीतिक मंच बनाने में मदद करनी चाहिए। जैसे रोटरैक्टोरस, लायंस, इनरव्हील, जेसिस, यंग प्रेसिडेंट आर्गेनाइजेशन, चैम्बर्स ऑफ कॉमर्स, रेजिडेंट वैलफेयर एसोसिएशन, महिला समूह जैसी अन्य महत्वपूर्ण संस्थानों को इसमें शामिल करना होगा।

❑

4

मानवजनित त्रासदी के परिणाम

अतीत में घटी घटनाओं को मानवजनित त्रासदियों के नाम किया जा सकता है। ऐसी त्रासदियों के नाम जिन्हें कुछ एहतियात बरत कर टाला जा सकता था।

पहली त्रासदी धनबाद के बागडिगी कोयला खान में खनिकों के साथ घटी, जहां कुछ कोयला खनिक खदान में पानी भर जाने से मारे गए। यह घटना स्पष्ट रूप से प्रबंधन द्वारा उचित सुरक्षा व्यवस्था नहीं किए जाने और लापरवाही बरतने का संकेत देती है। दरअसल कोयला खदान के मानचित्र ही गलत थे। अतः बचाव कार्य सही दिशा में नहीं किए जा सके। इसके अलावा इस खदान की दीवारें खनन के कारण काफी पतली हो चुकी थीं। उनके कभी भी ध्वस्त हो जाने का अंदेशा था, फिर भी प्रबंधन ने खुदाई बंद कराने का निर्णय नहीं लिया, अंततः जिसकी कीमत निरपराध खनिकों को चुकानी पड़ी।

अगर प्रबंधन ने इस त्रासदी से पूर्व खनिकों द्वारा इस संबंध में की गई शिकायतों पर ध्यान दिया होता और उसके अनुसार सुरक्षा के उपाय किए होते तो शायद खनिकों की जानों को बचाया जा सकता था, इस तरह की घटनाएं नई नहीं हैं, वास्तविकता यह है कि हम पूर्व की घटनाओं से कोई सबक नहीं लेते और न ही आवश्यक सुरक्षा उपायों को अपनाते हैं।

दूसरी मानवजनित त्रासदी सूरजकुंड मेले में घटी जहां एक नाव के आकार के झूले से 16 व्यक्ति गिर गए। इस दुर्घटना में चार लोग मारे गए और काफी लोग घायल हुए। यह दुर्घटना इसलिए घटी क्योंकि झूले में बैठने वालों के लिए किसी सुरक्षा–बेल्ट का इंतजाम नहीं किया गया था। सीटों के चारों ओर लगी लोहे की

हल्की छड़ें ज्यादा मजबूत नहीं थीं। साथ ही एक और महत्त्वपूर्ण बात यह थी कि मेला असमतल जमीन पर लगा हुआ था। इस कारण झूला असंतुलित था। वहां पर न तो किसी एम्बुलेंस की व्यवस्था थी और न ही पुलिस कंट्रोल रूम की जिससे कि आपातकालीन जरूरतों या हादसे से निपटा जा सके और पीड़ित व्यक्तियों को शीघ्र राहत पहुंचाई जा सके। मेले के प्रबंध अधिकारियों का कहना था कि जब ये झूले गेट से बाहर लगे हुए थे उस वक्त निजी ठेकेदारों द्वारा इनका प्रबंध किया जाता था। प्रत्येक सरकारी एजेंसी इस जिम्मेदारी को एक–दूसरे पर डाल रही थी। अगर ये सभी संबंधित अधिकारी व एजेंसियां अपनी जिम्मेवारी को सही तरह से निभाते तो शायद ये जानें बच सकती थीं और न ही इतने लोग घायल होते।

> ! सामान्य ड्यूटी समय में एहतियात न बरतने की वजह से घटी घटनाएं मानव जनित त्रासदियां हैं। !

तीसरी मानवजनित त्रासदी तो और भी भयानक थी जिसमें एक ही परिवार के दो सदस्य काल के ग्रास में चले गए। यह घटना उस समय घटी जब ये लोग हाल ही में बने नोएडा टोल ब्रिज पर अपनी नई मारुति कार से गुजर रहे थे तभी एक ट्रक टोल टैक्स को बचाने के चक्कर में यू–टर्न लेता हुआ विपरीत दिशा से आया और तेजी से जा रही इस मारुति कार में घुस गया। इस हादसे में दो व्यक्तियों की घटनास्थल पर ही मृत्यु हो गई और तीन अन्य गंभीर रूप से घायल हो गए। इस हादसे के संबंध में यातायात प्रबंध अधिकारियों का पुख्ता सबूतों के बलबूते पर कहना है कि नोएडा टोल ब्रिज को अनेक यातायात खामियों और खतरों के बावजूद खोल दिया गया है, जबकि दूसरी ओर नोएडा टोल अथारिटी के अधिकारियों का कहना है कि सभी सुरक्षा उपाय अपना लिए गए हैं। दरअसल कहना और बात है और किसी सिस्टम का कार्य न करना दूसरी। बहरहाल एक परिवार तो कुचल ही गया।

ये सभी त्रासदियां मानवनिर्मित थीं और कर्त्तव्यहीनता इन सब घटनाओं का मुख्य कारण रही। सूरजकुंड के मेला प्रबंधन, नोएडा टोल ब्रिज का यातायात प्रबंधन और धनबाद का कोयला प्रबंधन इनमें एक समान रूप से दोषी था। इनके बाद बारी आती है ट्रक ड्राइवर और मेला कांट्रेक्टर्स की जिन्होंने गैर जिम्मेदार नागरिक की तरह व्यवहार किया। ऐसा लगता है मानो इनके जीवन का एकमात्र उद्देश्य पैसा कमाना है, चाहे उसकी कीमत किसी की जान ही क्यों न हो? खैर लोगों ने अपनी जान गंवा कर इनकी कर्त्तव्यहीनता की कीमत चुका दी है, क्या अब भी ये लोग नींद से जागेंगे?

5

समाज और भ्रष्टाचार

हमारा देश भारत दुनिया का सबसे मजबूत व बड़ा लोकतंत्र है और हां, अब भ्रष्टाचार के मामले में भी भारत अगली पंक्ति के देशों में शामिल हो गया है। हालांकि फिलहाल सर्वाधिक भ्रष्ट देशों की सूची में इसका स्थान नौवां है पर हालात ऐसे ही रहे तो वह दिन दूर नहीं जब हम नम्बर एक पर होंगे।

भ्रष्टाचार भारत में अब महामारी का रूप ले चुका है जिसका तुरंत उपचार अत्यंत आवश्यक है। जिनकी ज़िम्मेदारी अपने देश की अखंडता और सुरक्षा को बनाए रखने की है वही स्त्री–पुरुष थोड़े या ढेर सारे पैसों के मूल्य पर देश के भविष्य के साथ समझौते करते रहते हैं और घुन की तरह अपने देश को खोखला करते रहते हैं। ऐसे में हमें किसी बाहरी शत्रु की आवश्यकता नहीं है। अपने लोग ही देश को नुकसान पहुंचाने के लिए काफी हैं।

तहलका डाट कॉम द्वारा जारी किए गए वीडियो टेप में देश के वरिष्ठ राजनेताओं और आलाकमान अधिकारियों को अपने दफ्तरों, घरों व सार्वजनिक स्थानों पर सरेआम भ्रष्टाचार में लिप्त होते दिखाया गया है। यह वीडियो टेप वर्तमान में हमारे देश में भ्रष्टाचार की स्थिति को निम्न रूप से दर्शाते हैं–

- यह स्पष्ट प्रमाणित होता है कि सत्ताधारी दल यानी रूलिंग पार्टी को सरकार से अलग करने वाली रेखा प्रभावहीन हो चुकी है। आज पार्टी के सदस्य ही सरकार हैं और सरकार ही पार्टी बन चुकी है और इसमें कोई संदेह नहीं कि बहुमत वाला दल ही सरकार बनाता है, लेकिन एक बार सरकार बन जाने के बाद वह सिर्फ अपनी ही पार्टी की सरकार नहीं रह जाती।
- इस प्रकरण ने मानो कीड़ों से भरे डिब्बे को खोल दिया है जिससे पता चलता

है कि महत्वपूर्ण और संवेदनशील पदों पर आसीन अधिकतर लोग अपने ही देश को बेचने के लिए कटिबद्ध हैं।

> ! सिर्फ इच्छा से ही नहीं बल्कि धारदार या पैनी इच्छाशक्ति द्वारा ही समाज में न्याय और समानता को कायम किया जा सकता है। !

- यह प्रकरण लोगों के उस शक को पुख्ता करता है कि भ्रष्टाचार की हदें कितनी दूर तक हैं।
- इसने अनेक लोगों के चेहरे से छद्म देशभक्ति और दोगलेपन के मुखौटों को भी हटा दिया है।
- यदि यह पर्दाफाश प्रिंट मीडिया द्वारा किया जाता तो हो सकता था लोग इसे जल्दी भुला देते, लेकिन टेलीविजन पर देख लेने के बाद भ्रष्टाचार के इस मामले को लोगों द्वारा भुला पाना संभव नहीं है क्योंकि टेलीविजन की पहुंच आज देश के कोने–कोने में है। दर्शकों की संख्या भी गिनी नहीं जा सकती। अतः ऐसी स्थिति में तहलका डाट कॉम द्वारा जारी टेपों के विवरण दशकों तक लोगों के मन में ताजे बने रहेंगे। कहना न होगा कि टेलीविजन आज के समय में लोकतंत्र की ताकत बन चुका है।
- इससे यह भी पता चलता है कि घूस लेने वाले लोग आज भी पुराने जमाने में रह रहे हैं, जबकि रिश्वत देने वाले लोग नई तकनीक अपना रहे हैं।
- अभी तक के माहौल पर नजर डाली जाए तो महसूस होगा कि इन भ्रष्ट भारतीयों के पास शर्म नाम की कोई चीज नहीं है और हां क्षमा या माफी जैसे शब्द तो इनके शब्दकोशों में दूर–दूर तक कहीं नहीं है।

दरअसल भ्रष्टाचार जोड़–तोड़ वाला अपराध है। यह ईमानदारी या सच्चाई पर अडिग रहने जैसी जनूनी मनोवृत्ति नहीं है। चूंकि यह निरंतर जोड़–तोड़ की प्रक्रिया है, अतः जब कानून और व्यवस्था का शिकंजा ढीला होता है लोग भ्रष्ट होने को प्रेरित होते हैं, खासकर सत्ता, एकाधिकार वाली कुर्सी पर आसीन व्यक्ति को भ्रष्ट होने के लिए पूरा प्रोत्साहन मिलता है, क्योंकि किसी के प्रति जवाबदेह न होने का उनका रुतबा उन्हें बहुत कम जोखिम में डालता है।

भ्रष्टाचार का प्रभाव अपनी मूल प्रकृति से पीछे धकेलने वाला होता है। कम आमदनी वाले समूह ही भ्रष्टाचार का अधिकांश बोझ वहन करते हैं। व्यवस्था के निचले स्तर जैसे नागरिक सेवाओं, व्यवसाय और सरकार मे व्याप्त भ्रष्टाचार गरीब नागरिकों को कई सुविधाओं से वंचित भी रखते हैं। यहां तक कि इसका प्रभाव

व्यवस्था को पंगु बना देता है और अर्थव्यवस्था के विकास को बाधित कर देता है। भ्रष्टाचार और समाज में कानून के प्रति सम्मान रखने वालों के प्रतिशत के बीच अनुपातिक संबंध है। दोनों संदर्भों में भारत की स्थिति चिंताजनक है। हमारे पास इन परिस्थितियों से निपटने के लिए अनेक उपाय हैं। कुछ सुझाव इस प्रकार हैं :

- ❑ हमें महात्मा गांधी के तीन बंदरों की भांति बुरा न देखना, बुरा न सुनना और बुरा न कहने के विपरीत भ्रष्टाचार के खिलाफ अपनी आंख, नाक और कान तीनों खुले रखने होंगे।
- ❑ बिसल ब्लोवर प्रोटेक्शन एक्ट के तहत भ्रष्टाचार के विरुद्ध सूचना देने वाले को पूरी सुरक्षा और सहायता मिले।
- ❑ भ्रष्टाचार को मात्र साधारण अस्वीकार्यता के कारण समाप्त नहीं किया जा सकता, बल्कि इसके खिलाफ आपको कठोर असहनशीलता दिखानी होगी। यदि कोई व्यक्ति आपसे किसी कार्य के लिए धन की मांग करता है तो इसके खिलाफ आपको कठोर कार्यवाही करनी होगी। भ्रष्टाचार के विरुद्ध अभियान में आपको व्यक्तिगत और सामूहिक दोनों तरह से सक्रिय होना होगा। इस लड़ाई में संभवतः कीमत भी चुकानी पड़ सकती है। अतः देश हित और व्यवस्था सुधार के लिए आपको यह कदम उठाना ही होगा। इस प्रकार की इच्छाशक्ति और असहनशीलता की अभिव्यक्ति सत्ता में बैठे लोगों तथा उन्हें वोट देने वाली आम जनता दोनों को प्रदर्शित करनी पड़ेगी।

संसद में विचाराधीन पड़े चुनाव सुधार व लोकपाल बिल को शीघ्रातिशीघ्र पास कराना होगा। जनता के प्रतिनिधियों, सत्ता व देश की व्यवस्था में प्रमुख भूमिका निभाने वाले लोगों को अपनी समस्त संपत्ति का ब्यौरा आम जनता के समक्ष पेश करना होगा। जिन लोगों के पास सामर्थ्य से अधिक सम्पत्ति या धन है उसे जब्त किया जाना चाहिए। इस वैधानिक कार्यवाही से हमारी प्रणाली व कानून–व्यवस्था दोनों ही शक्तिशाली होंगी और मजबूत बनेंगी। इस तरह सिर्फ इच्छा से ही नहीं, बल्कि धारदार या पैनी इच्छाशक्ति द्वारा ही समाज में न्याय और समानता को कायम किया जा सकता है।

❑

6

राष्ट्र का चरित्र निर्माण

कुछ समय पहले मुझे सार्वजनिक क्षेत्र की कंपनियों के वरिष्ठ प्रबंधकों के सम्मुख 'डेवलपिंग विजनरी टीम लीडर्स' विषय पर बोलने के लिए आमंत्रित किया गया था। विभिन्न कंपनियों के ये वरिष्ठ प्रबंधक 'नेतृत्व का विकास' के एक पाठ्यक्रम में अध्ययनरत थे। जब मैं वहां पहुंची तो उस वक्त क्लास रूम पूरी तरह से वरिष्ठ प्रबंधकों से भरा हुआ था। आजकल संसार भर में और खासकर हमारे अपने देश में नेताओं के अप्रत्याशित उत्थान और पतन के चलते यह विषय व मुद्दा मेरे दृष्टिकोण से काफी रुचिकर था। मीडिया चाहे इलैक्ट्रानिक हो या प्रिंट इस संबंध में काफी सजग भूमिका निभा रहा है जिसके कारण देश का हर व्यक्ति किसी के पतन या उत्थान के कारणों से स्पष्टतः परिचित हो जाता है।

इसी विचार के साथ मैंने पूरी क्लास से सीधे–सीधे विषय संबंधित एक प्रश्न करने का निर्णय लिया कि वे अपने आपको किस तरह देखते हैं। किस दृष्टिकोण से आंकते हैं? किस प्रकार से वे दूरदर्शी नेताओं की तरह भूमिका निभा रहे हैं। इस तरह अब मेरे द्वारा उन्हें कही जाने वाली सभी बातें उन्हीं के उत्तरों पर निर्भर थी। क्लास रूम में 200 से भी अधिक वरिष्ठ प्रबंधक उपस्थित थे। जैसे ही उन्होंने अपने जवाब देने शुरू किए मैंने उन्हें एक–एक करके ब्लैक बोर्ड पर लिखना शुरू कर दिया ताकि सभी लोग एक–दूसरे के विचारों को स्पष्ट रूप से जान सकें। बहुत से प्रबंधकों के जवाब समान थे। मैंने उन्हें भी उसी क्रम में लिखा ताकि बाद में जब मैं उन पर एक–एक करके बात करूं तो वे जो पढ़ें उसे सही से समझ पाएं। वास्तव में यह एक दिचस्प खोज थी जिससे पता चल सकता था कि वे सचमुच उस पद के योग्य हैं या नहीं जिस पर वे आसीन हैं।

वरिष्ठ मैनेजर आज के नेतृत्व को किस नजरिए से आंकते हैं आइए जानें :

- उत्तरदायित्व का निर्वाह या पालन न करना।
- जो कुछ वे शपथ लेते हैं उसका पालन न करना।
- शारीरिक व शाब्दिक हिंसा का प्रयोग।
- जिम्मेदारियों को एक–दूसरे पर टाल देना या उनका स्थानांतरण।
- भद्रता का अभाव।
- छोटे व क्षुद्र उद्देश्यों की प्राप्ति में लिप्त रहना।
- अत्यधिक भ्रष्टाचार।
- अत्यंत स्वार्थी।
- कपटपूर्ण जीवन जीना व उसी में लिप्त रहना।
- सत्ताधिकारी पाखंडी हैं।
- वे बड़े असंवेदनशील भी हैं।
- निष्ठा का अभाव।
- सत्ताधिकारी अपने आपको चमकाने के काम में लिप्त रहते हैं।
- वे बुरे आदर्श हैं।
- उनकी समाज में प्रतिष्ठा नहीं है।
- सत्ताधिकारियों में कई तरह की मानसिकता एक साथ होती है।
- राष्ट्रीय मुद्दों को अनदेखा करना।
- निहित स्वार्थों में लिप्त रहना।
- ये लोग ढुलमुल रवैये वाले व संदेही होते हैं।
- बहुत से सत्ताधारी व्यवभिचारी भी होते हैं।
- बहुत से अपराधी भी हैं।
- बहुत से अविश्वसनीय हैं।
- सत्ताधारियों की गुप्त कार्यसूची होती है व ये लोग लोक हितों के नाम का मुखौटा लगाए होते हैं।
- ये लोग सत्ता के भूखे होते हैं।
- मूलरूप से ये कायर होते हैं, क्योंकि इन्हें हमेशा कुछ भी सार्वजनिक होने का डर लगा रहता है।
- ये लोग जोड़–तोड़ की नीति अपनाते हैं और हमेशा इसी नीति का निर्वाह करते हैं।

- ❖ शोषण करते हैं।
- ❖ वहमी भी होते हैं।
- ❖ साथ ही वे डरपोक भी हैं।

> यदि हम आदर्शवादी नेता बनना चाहते हैं तो हमें स्वयं अपना रक्षक या पुलिसकर्मी बनना होगा।

ये मात्र कुछ ही विचार हैं वर्ना सूची तो काफी लम्बी है। जब सभी नेताओं यानी प्रबंधकों ने विचार पेश किए तो मुझे अपने प्रश्नों का उत्तर मिल गया। यह वह सब था जो वे दूसरों में देखते हैं। अब मैंने उन्हें अपने विषय में सोचने और अपने दोषों का पता लगाने को कहा, जिनसे वे भी ग्रसित हैं। मैंने उनसे यह भी कहा, कि जब वे दूसरों की कमियों व दोषों को देखते हैं तो दूसरे भी उनकी कमियों व दोषों पर निगाह रखते हैं। समस्त बातचीत का मूल भी यही था कि जब आप दूसरों में कमियां देखते हैं तो आपको अपने अंदर भी उन्हें जांचना चाहिए कि कहीं आप में भी तो उस तरह की कमी नहीं है। सत्ताधारियों के विषय में जो भी तीस परिभाषाएं हमने ऊपर कही हैं, उनमें से कोई भी परिभाषा हमारे विषय में हो सकती है। हमें याद रखना चाहिए कि हम सभी दूसरे से अच्छे व्यवहार की अपेक्षा रखते हैं, जबकि हमारे अपने अच्छे व्यवहार की कोई गारंटी नहीं होती। इसी कारण मैंने उन सभी प्रबंधकों से यह प्रश्न किया था और इसका प्रमाण सभी के सामने ब्लैक बोर्ड पर मौजूद था जिन्हें वे देख सकते थे और अपने आपको इसके मुताबिक जांच भी सकते हैं।

मैंने उन्हें बताया कि यदि कोई दूरद्रष्टा नेता बनना चाहता है तो उसमें काम के प्रति उत्साह व सच्ची लगन होनी चाहिए। काम केवल ड्यूटी ही मात्र नहीं है, बल्कि जीवन ने जो कुछ भी हमें दिया है उसके प्रति हमारी कृतज्ञता की भावना का एक रूप है। जब काम को आप पूजा की भांति समझने लगते हैं तो एक ईमानदार दृष्टिकोण, सही मनोवृत्ति, हुनर को सीखने और लगातार अपने ज्ञान को बढ़ाने की प्रवृत्ति हमारे अंदर स्वतः विकसित हो जाती है। इस तरह का व्यक्ति हमेशा समूह की शक्ति में विश्वास रखता है और जो कुछ उसके पास है उसे सभी के साथ सांझा करने व उसे दूसरों को देने में प्रयत्नशील रहता है। यदि हम आदर्शवादी नेता बनना चाहते हैं तो हमें स्वयं अपना रक्षक या पुलिसकर्मी बनना होगा। दूसरों के दोषों को देखने से पहले या उन पर निर्णय सुनाने से पहले हमें अपने आपको देखना होगा। सर्वप्रथम हम अपने लिए अपने आचरण को लेकर उत्तरदायी हैं, दूसरों का नंबर इसके

बाद ही आता है। केवल तभी कोई व्यक्ति आदर्शवादी इंसान या आदर्शवादी टीम लीडर बनने के लिए अपने आपको सुधारने या प्रशिक्षित करने का दावा कर सकता है। तभी राष्ट्र का चरित्र निर्माण संभव है जब दूसरों की रक्षा का वादा करने से पहले अपने आपको सदाचारी बना लें। प्रत्येक व्यक्ति दूसरों का मार्गदर्शन करने से पहले अपना मार्गदर्शक स्वयं बने और दूसरों को उपदेश देने से पहले अपने आप में सुधार लाए। इस राष्ट्रवादी सुधार को कभी भी, कहीं से भी और किसी भी समय शुरू किया जा सकता है। अब निर्णय आपके हाथ में है।

❑

7

सच्चा व ईमानदार प्रयास

भारत प्राकृतिक सम्पदा सम्पन्न भूमि है। साल के बारहों महीने देश के हर हिस्से में मौसम साफ रहता है और भारतवासी घर से बाहर कहीं भी स्वेच्छा से घूमने–फिरने आ–जा सकते हैं। निःसंदेह हम सब देश की भौगोलिक परिस्थितियों के कारण मौसम की उग्रता का शिकार होने से बचे हुए हैं। ऐसे परिवेश में हमें न तो कृत्रिम गर्माहट देने वाले उपकरणों की आवश्यकता है और न ही एयर कंडीशनरों की। शायद आपको जानकर आश्चर्य हो कि पश्चिम व उत्तर के समृद्ध व विकसित देशों में ऐसी परिस्थिति नहीं है और यह देश हमारी तरह प्रकृति की ऐसी संपदा से महरूम हैं।

इन देशों में लोगों को अपने आस–पास कृत्रिम पर्यावरण निर्माण की आवश्यकता होती है या फिर वहां रात और दिन इतने बड़े होते हैं कि समय का सही अंदाजा लेना काफी मुश्किल होता है। कृत्रिम पर्यावरण के कारण हमारे शरीर की आंतरिक व्यवस्था (बॉडी क्लॉक) पूरी तरह परिवर्तित हो जाती है। उत्तरी ध्रुव के पास स्थित देशों में साल के छः महीने दिन बहुत लम्बे होते हैं। अतः लोगों को खुद ही अंदाजा लगाना होता है कि यह सोने का समय है और यह काम पर जाने का। है न आश्चर्यजनक तथ्य, लेकिन यही सच्चाई है जिसे हम भारतवासियों का सौभाग्य कह सकते हैं। मैंने स्वयं भौगोलिक परिस्थितियों के इस अंतर को देखा व महसूस किया है। साल के हर मौसम में हम सुबह उठते ही घर से बाहर पार्क में घूमने जा सकते हैं। सच कहूं तो हमारे देश की प्राकृतिक सम्पदा किसी मायने में कम नहीं है। विश्व के कई देशों में लोग अपने स्वास्थ्य को बरकरार रखने के लिए पैसे को पानी की तरह बहाते हैं। ये लोग एयरकंडीशन या अप्राकृतिक रूप से गर्म फिटनेस सैंटर या जिम आदि में जाते हैं। स्वच्छ हवा पाने व

व्यायाम के लिए इन्हें धन खर्च करना पड़ता है, जबकि हमारे देश में यह सब हमें मुफ्त मिलता है जिसे हम प्रकृति का वरदान कह सकते हैं, लेकिन हास्यास्पद बात यह है कि प्रकृति की जो नियामत हमें मुफ्त मिली है। हम उसके महत्त्व को ही नहीं समझते और जाने–अनजाने उसे इस हद तक प्रदूषित करते हैं कि सांस लेने के लिए भी हमारे चारों ओर प्रकृति प्रदत्त स्वच्छ हवा नहीं बचती। हम अपनी इस अनमोल सम्पदा को यूं ही बरबाद करते जा रहे हैं और यह सब रोजाना होता है। मैं स्वयं इसकी साक्षी हूं।

रोजाना सुबह के समय मैं अपने घर के पास स्थित एक पब्लिक पार्क में जाती हूं। पार्क के एक हिस्से को शादी–विवाह आदि के लिए बैंक्वट हॉल के रूप में प्रयोग किया जाता है। सार्वजनिक स्थलों पर लगने वाले इन शामियानों का खर्च पांच सितारा होटलों के मुकाबले कहीं कम है। साथ ही यह निगम के लिए आय का एक अच्छा साधन भी हैं। ठीक है ऐसा होना जायज है। हमें इस पर कोई एतराज नहीं होना चाहिए, लेकिन समारोह के बाद जो गंदगी वहां चारों ओर बिखरी होती है, वह निःसंदेह क्षोभ उत्पन्न करती है। मेरी जानकारी के मुताबिक इन पार्कों को किराए पर लेते समय इसकी समारोह के बाद होने वाली सफाई का खर्च भी किराए के साथ ले लिया जाता है, लेकिन शामियाना हटने के बाद वहां सप्ताहों–महीनों तक कोई सफाई नहीं की जाती। गंदगी यूं ही चारों ओर बिखरी रहती है, क्योंकि पार्क का वह हिस्सा अत्यंत बदबू फैलाने वाला होता है और वहां कुत्तों, सुअरों का भरपूर जमावड़ा होता है। अतः सुबह की सैर के वक्त हम सब पार्क के उस हिस्से की ओर जाते ही नहीं।

जैसा कि मैंने पहले कहा था हम अपनी प्राकृतिक सम्पदा को लगातार नष्ट करते जा रहे हैं। पार्क की गंदगी का यह वृतांत उसका एक उदाहरण भर है। हां, इस गंदगी को साफ किया जाता है, लेकिन तब जब उस क्षेत्र में किसी वी.आई.पी. को आना हो।

कुछ दिनों पहले दिल्ली सरकार के एक युवा मंत्री अजय माकन के एक निर्देश को मैंने बड़े ही ध्यान से पढ़ा। इस युवा मंत्री ने डी.टी.सी. के सभी वरिष्ठ अधिकारियों को डी.टी.सी. की बसों में यात्रा करने और उनमें मौजूद कमियों आदि से प्रत्यक्ष मुखातिब होने के निर्देश दिए। डी.टी.सी. के इन अधिकारियों ने निर्देश का पालन करते हुए डी.टी.सी. बसों में यात्राएं कीं और महसूस किया कि बसों में व्यवस्था को और अधिक पुख्ता करने की आवश्यकता है। हालांकि मंत्री महोदय का निर्देश पूरी तरह परिस्थितियों के अनुकूल था, लेकिन जिस बात ने मुझे सबसे अधिक परेशान किया वह यह थी कि इन महत्त्वपूर्ण पदों पर आसीन वरिष्ठ व जिम्मेदार अधिकारियों को ऐसा निर्देश देने की आवश्यकता क्यों पड़ी। उन्होंने स्वयं ऐसा करना मुनासिब क्यों नहीं समझा। मेरे विचार

से इसका एक सीधा कारण यह है कि हम सब स्वयं अपने कार्य के प्रति अपने दायित्वों को अनुभूत नहीं करते हैं। सरकारी काम को हम निज कार्य की भावना से नहीं करते हैं। शायद हम अपने दायित्वों को किसी और का दायित्व मानते हैं, लेकिन हमें इतना तो जरूर ध्यान रहता है कि हमारी तनख्वाह हमारा अधिकार है और शायद इसी तरह पदोन्नति, बढ़ोतरी, बोनस और पुरस्कार इत्यादि भी। इन अधिकारों में हम किसी तरह का हस्तक्षेप पसंद नहीं करते। यदि ऐसा होता है तो हम हड़ताल तक करने पर आमादा हो जाते हैं, लेकिन हम अपने काम को और अधिक बेहतर करने के लिए बिना कहे कुछ नहीं करते। हम कब अपने आपको बदलेंगे? कब वह नई युवा पीढ़ी आएगी जो स्वयं अपनी जिम्मेवारियों को समझेगी। मेरे विचार से सही शिक्षा पद्धति के माध्यम से ऐसा होना संभव है और यह शिक्षा अध्यापकों, अभिभावकों द्वारा दी जानी चाहिए, लेकिन तब क्या अध्यापकों को ही स्वयं प्रशिक्षण व अपने ऊपर निगरानी रखने वाले सुपरवाइजरों की आवश्यकता पड़े और तब क्या जब सुपरवाइजरों को अपने ऊपर निगरानी रखने के लिए अधिकारियों की आवश्यकता हो। दुर्भाग्य से हम ऐसी ही परिस्थितियों में जी रहे हैं। पर हम एक–दूसरे पर दोषारोपण के इस खेल को बंद कर सकते हैं और स्वयं बिना किसी आदेश या निर्देश के अपने कर्त्तव्यों का पालन कर सकते हैं। जरूरत है अपने कर्त्तव्यों और अपने देश के प्रति ईमानदार होने की। हमारी सच्ची व ईमानदार प्रयास ही हमारी प्राकृतिक सम्पदा को नष्ट होने से बचा सकते हैं।

> ! हम एक–दूसरे पर दोषारोपण के इस खेल को बंद कर सकते हैं और स्वयं बिना किसी आदेश या निर्देश के अपने कर्तव्यों का पालन कर सकते हैं। !

❑

8

मेरा देश कहां है?

जब मैं अमरीका में थी, तो मैंने अपने देश के बारे में कुछ भी ऐसा देखा या सुना नहीं, जिस पर मैं गर्व महसूस कर सकूँ। मैंने रेडियो पर भी देखा लेकिन हमारा ऑल इंडिया रेडियो इतना साफ नहीं आ रहा था, जितने बाकी आ रहे थे। टी.वी. पर कुछ चैनल थे, जो पूरी तरह मनोरंजन के नाम थे, जिनमें ऐसे राष्ट्रीय व अंतर्राष्ट्रीय विषयों पर चर्चा की गुंजाइश नहीं थी, जो भारतीयों को ऐसी जानकारी दे सकें, जैसी उन्हें अपने देश में मिलती। जिस तरह हमारे 'स्टार न्यूज', 'आज तक', 'दूरदर्शन', 'जी', 'सहारा' व बाकी चैनलों पर कार्यक्रम दिखाए जाते हैं, वे सचमुच चौंका देने वाले होते हैं। हिंग्लिश बोलने वाले जो चैनल आते भी हैं, वे मेरे हिसाब से नई पीढ़ी के लिए उतने अच्छे नहीं हैं। बड़े मजे की बात है, यहाँ तक कि बी.बी.सी. जैसा चैनल भी सुबह आधा घंटा आता है जबकि एशिया में यह सारा दिन फ्री चैनल के रूप में आता है। वैसे यह रेडियो पर काफी स्पष्ट है तो हमारा रेडियो क्यों नहीं?

मैंने देखा कि यू.एस.ए. में बाजार केंद्रित मनोरंजन चैनलों की भरमार है। वे काफी हद तक प्रचारवादी भी हैं। इसमें कोई संदेह नहीं कि अमरीकी दर्शक, बाहरी दुनिया के बारे में अधिक नहीं जान पाते।

हम दुनिया में अंतरिक्ष शक्ति हैं। हमने अपने सेटेलाइट अंतरिक्ष तक भेजे हैं लेकिन अपने रेडियो का साफ प्रसारण क्यों नहीं कर सकते? वहाँ नीदरलैंड या जापान का रेडियो आसानी से कैच होता है तो हमारा क्यों नहीं? हम जो करते हैं, वह देखा व सुना जाए; इसे देखने की जिम्मेवारी किसकी है?

मैं एक भारतीय होने के नाते जानना चाहती हूँ कि हमें पीछे कौन धकेल रहा

> उठो और इस प्रतियोगी दुनिया में अपनी जगह बनाओ।

है? मैं मानती हूँ कि हमारे पास दुनिया को बेहतर बनाने के लिए बहुत कुछ है। मेरा मानना है कि इस स्वनिर्मित अकेलेपन और जानकारी के अभाव से हमने पूरी दुनिया से भारतीय परिवेश को काटा है और मैं हैरान हूँ कि मिलेनियम मीट के दौरान उन्होंने इस विषय को नहीं उठाया। वे इसे राष्ट्रीय प्राथमिकता मानकर संबोधित क्यों नहीं करते? उन्होंने इस अवसर को हाथ से क्यों जाने दिया? अंतर्राष्ट्रीय रूप से अपना योगदान देने व गर्व का अनुभव करने का और बेहतर तरीका क्या हो सकता है?

दुनिया के इस हिस्से के अखबारों में भारत का नाम सिर्फ गरीबी, दुख, जनसंख्या की अधिकता, सीमा विवाद व धार्मिक झगड़ों के रूप में ही लिया जाता है। टी.वी. पर इसे अनदेखा किया जाता है क्योंकि पश्चिम के लिए इसका कोई अर्थ नहीं है...तभी तो एक आम पश्चिमवासी भारत को सही मायनों में पहचान ही नहीं पाता।

अगले दिन मैं एक टैक्सी में सफर कर रही थी, अमरीकी ड्राईवर यह जानता था कि मैं एक भारतीय हूँ, इसके बावजूद उसने कहा कि भारत में बहुत भ्रष्टाचार है और किसी भी भारतीय को कुछ डॉलर में खरीदा जा सकता है। उसके वाक्य से ही पता चलता है कि एक औसत अमरीकी हमारे बारे में क्या सोचता है।

हकीकत यह है कि सिर्फ भारत में ही भ्रष्टाचार नहीं है। लेकिन जब तक आप अमरीका वालों को सही जानकारी नहीं देंगे, तो यह भारत में ही शुरु होकर खत्म हो जाएगी। ऐसा करने की जिम्मेवारी किसकी है?

पश्चिम में समृद्ध व शिक्षित भारतीय अपनी व्यक्तिगत क्षमता के लिए जाने जाते हैं न कि राष्ट्रीयता के कारण। ऐसा तभी होगा जब हम पूरी संपूर्णता के साथ अच्छे मीडिया व उसकी चर्चाओं के माध्यम से अपने आपको प्रस्तुत करेंगे, तभी हम लोगों के दिलों तक अपनी जगह बना पाएँगे।

जो चल रहा है, उसकी ओर से आँखें न मूँदें। आइए उठें, इस कठोर प्रतियोगी दुनिया में अपनी जगह बनाएँ, जो शांति चाहती है लेकिन नहीं जानती कि उसे प्राप्त कैसे करना है? हमें वहीं पहुँचना होगा...!

❑

9

परिवर्तन की चाह

मैं घर से हजारों मील दूर बैठी, अखबारों व इंटरनेट के माध्यम से मल्टी–करोड़ स्टैंप–पेपर फ्रॉड केस, 'तेलगी कांड' के बारे में पढ़ रही हूँ। मेरे लिए, एक भारतीय होने के नाते यह मुद्दा काफी गंभीर अर्थ रखता है। यह एक असाधारण अपराध है, जिसने राष्ट्रीय कोष को हानि पहुँचाई है। इसने उन मासूम लोगों को भी चोट दी है, जिन्होंने फर्जी पेपरों को असली समझ कर खरीदा था। भूतपूर्व मुंबई पुलिस कमिश्नर के अलावा कई बड़े पुलिस अधिकारी भी जेल में हैं। पुलिस–माफिया और राजनीतिज्ञ मिलकर किस तरह कानून से खेल रहे हैं, इससे बड़ा सबूत और क्या हो सकता है! हम सब बिकने के लिए खड़े हैं!

इस राष्ट्रीय अपराध को सबके सामने लाने का श्रेय एक साहसी इन–हाउस रिपोर्ट व उन्हीं पुलिस अधिकारियों द्वारा पूछताछ को दिया जा सकता है, मीडिया ने भी इसे उठाया, बड़ी निडरता से पी.आई.एल. पैटीशन के माध्यम से बंबई हाई कोर्ट में पेश किया गया नहीं तो यह राष्ट्रीय अपराध यूँ ही चलता रहता।

जैसा कि मैं समझती हूँ, इस मामले में क्या हुआ है: पुलिस अपराधी को छुट्टी मनाने के लिए समुद्र किनारे बने रिजॉर्ट ले जाती है? गलत आदमियों को पकड़ा जा रहा है? पुलिस अधिकारी कमाए बिना, विदेशी गाड़ियाँ चला रहे हैं? वे भीतरी बुद्धि की बजाए खबरियों पर अधिक निर्भर हैं? राजनीतिज्ञ देश की सुरक्षा व अखंडता की बजाए उसे नीलाम कर रहे हैं? चुने गए सदस्य पंच सितारा होटलों की मेहमाननवाजी का आनंद उठा रहे हैं और उनके बिल दूसरे भर रहे हैं? गवाहों के कातिल और मुख्य अपराधी नहीं पकड़े जाते? कोई भी अपराधी की नाजायज व अवैध संपत्ति की ओर आँख उठाकर भी नहीं देखता। अपराधी को माल बेचने का लाइसेंस मिलता है? स्टैंप

छापने वाली मशीन व दूसरे संवर्दनशील यंत्र अंगोपयोग के बिना ही नीलाम कर दिए जाते हैं।

अगर किसी जमीन के मालिक की जमीन आपराधिक गतिविधियों के लिए इस्तेमाल की जाती है, तो उसकी क्या जिम्मेवारी बनती है? जहाँ ऐसे अपराध दिन–रात होते हों, वहाँ पुलिस का क्या दायित्व है। इस बात का भरोसा कौन दिलाता है कि पूरी ईमानदारी से पूछताछ होगी और मुख्य अपराधी को चार्जशीट दाखिल किए बिना नहीं छोड़ा जाएगा? संदेहास्पद व्यक्ति द्वारा किसी भी राजनीतिक दल का सदस्य बनने से पहले चरित्र की जांच होगी?

याद रखना ! चाहिए कि किसी भी मामले में फॉलो-अप बहुत माय्ने ! रखता है।

क्या पूछताछ अधिकारियों द्वारा तैयार की गई रिपोर्टें निश्चित समयावधि में वरिष्ठों द्वारा जांची जाएँगी, ताकि उनकी जवाब जवाबदेही बनी रहे? क्या मामलों की पूरी छानबीन किए बिना रफा–दफा किया जाएगा? थानों में मामला दर्ज कराने की प्रक्रिया, लोगों की आंखों में धूल झोंकने की नहीं बल्कि न्याय प्रक्रिया शुरु करने के लिए होगी?

अगर भारतीय प्रजातंत्र को जाति और वोटों की गिनती से परे जाना है तो उसे इस अवैध, गैरकानूनी व काँटेदार तंत्रों के जवाब खोजने होंगे, जिनके बल पर 'तेलगी' जीवित हैं और फल–फूल रहे हैं। मीडिया को भी ऐसी खास खबरों के लिए जगह बनानी होगी क्योंकि वे हमारी राष्ट्रीय सुरक्षा से जुड़े हैं। जनता की याददाश्त क़मजोर होती है लेकिन मीडिया की याददाश्त तेज होनी चाहिए।

'अन्ना हजारे व उनकी टीम' तथा आदरणीय जजों का धन्यवाद! याद रखना चाहिए कि किसी भी मामले में फॉलो–अप बहुत मायने रखता है, नहीं तो हम किसी न किसी रूप में इस कैंसर की चपेट में आते रहेंगे।

क्या अपने जीवन में ऐसा बदलाव देख पाएँगे?

❑

10

हमारे बुजुर्गों के लिए...

इस बार मैंने एक रिकॉर्ड तोड़ा। मैं जिंदगी में पहली बार इतने समय बाद घर लौटी। मैं अपनी सारी यात्राओं या अंतर्राष्ट्रीय यात्राओं के बावजूद इतने लंबे समय तक घर से बाहर नहीं रही, मैं चाहे कहीं भी क्यों न होऊँ, जैसे ही मेरी यात्रा का मकसद पूरा होता, मैं वापिस आ जाती। एक बार मैं एटलांटा (यू.एस.ए.) में उससे भी कम घंटे रही थी, जितने घंटे मैंने आने–जाने में लगाए थे। दरअसल मैं बताना चाहती हूँ कि मैं घर से कितनी जुड़ी हुई थी या आज भी हूँ। इस बार मैं पूरे चार महीने यानि 120 दिन बाद घर लौटी हूँ। पहुँचेन तक मेरे मन में एक ही बात थी कि 'मैं बच गई'।

सिर्फ मैं ही नहीं, मेरे पापा भी जी गए। पिछले चार महीनों में ही, वे पूरी तरह बिस्तर पर पड़ गए हैं। जब मैं यू.एस. के लिए निकली थी तो वह हर रोज शाम को सैर के लिए निकलते थे। अब वे वाकर की मदद से भी दो–तीन कदम तक नहीं चल पाते। अब उन्हें अपनी सभी जरूरतों व सहारे के लिए, दिन में चौबीस घंटे किसी का साथ चाहिए।

यही बुढ़ापे की हकीकत है। ये वो उम्र है जब इंसान अपनी सारी ताकत खोकर, दूसरों पर आश्रित हो जाता है या फिर अपने बच्चों पर...। यह एक ऐसा समय है जब बच्चों को प्रकृति की ओर से मिली इस जिम्मेवारी को अच्छी तरह निभाना चाहिए। अगर कोई समाज या संतान अपने वृद्धजन का आदर करते हैं, तो वे बुढ़ापे से होने वाले कष्टों को घटाने का प्रयास करेंगे लेकिन यदि वे ऐसा नहीं करेंगे तो इन वृद्धजन का जीवन जीते जी नरक बन जाएगा।

जब तक कोई इस परिदृश्य को निजी रूप से अनुभव नहीं करता, वह संभवतः भविष्य में नहीं देख सकता। मेरे साथ भी ठीक यही हुआ। मैं स्वयं का इसी निर्भरता की स्थिति में मानसिक चित्रण कर सकती हूँ।

! वृद्धों की देखभाल के लिए किसी सामाजिक तंत्र के अभाव को पूरी प्राथमिकता देते हुए सोच-विचार करना चाहिए। !

जिस स्थिति का हम सभी सामना करेंगे, उसके लिए हम क्या तैयारी करते हैं? क्या इसके लिए कोई तैयारी होती है? ये असहाय, निर्भर लोग कहाँ जाते हैं? वे किसे बुला सकते हैं? कौन उनकी सहायता करेगा? क्या वृद्धजन समाज से सहायता की पुकार लगाने का हक रखते हैं?

जहाँ तक मुझे पता है, ऐसा कोई तंत्र हमारे पास नहीं है, हमारे पास सिर्फ कुछ वृद्धाश्रम हैं, जो महानगरों में स्वयंसेवी संस्थाओं द्वारा चलाए जाते हैं। बुनियादी तौर पर इन कमजोर व वृद्धों के लिए राज्य से भी कोई व्यवस्था नहीं होती।

तब क्या होता है? ऐसे लोग तकलीफ सहते हैं व मरना चाहते हैं। वे अपनी अंतिम घड़ी आने तक जीने को मजबूर होते हैं। उनके पास मदद माँगने की ऊर्जा तक नहीं बचती। अगर उनके पास पैसा हो और उस पर उनका हक हो तो थोड़ी बहुत मदद मिलने की गुंजाइश रहती है। हालांकि हमारी संतानें अभी भी ईमानदार और देखरेख करने वाली हैं लेकिन कई कारणों से ऐसे लोगों की संख्या तेजी से घट रही है।

वृद्धों की देखभाल के लिए किसी सामाजिक तंत्र के अभाव को पूरी प्राथमिकता देते हुए सोच–विचार करना चाहिए क्योंकि एक न एक दिन हम सभी इस लापरवाही के शिकार होने वाले हैं।

यह काफी सदमे वाली बात है कि हमने अभी तक इस मुद्दे पर उतना ध्यान नहीं दिया है, जितना हमें देना चाहिए। निश्चित ही, यह मानवता का एक ऐसा मुद्दा है, जो अब तक अछूता है। विकसित देशों में वृद्धों के लिए कुछ कार्यक्रम विकसित किए गए हैं, जिनके बारे में मुझे पता है लेकिन फिर भी ये जनसंख्या के बहुत बड़े हिस्से की जरूरतें पूरी नहीं कर पाते।

अब समय–सीमा में बंधी सुनिश्चित योजना पर काम करने का समय आ गया है। हमें घरों के पास ऐसे वृद्धाश्रम चाहिए, जहाँ डॉक्टर, नर्स, अटेंडेंट व एंबुलेंस सुविधाएँ उपलब्ध हों। वहाँ छात्र और समाज सेवक समय–समय पर पहुँचें। युवाओं के लिए इस सुविधा की कीमत रखी जा सकती है ताकि वे पहले से ही इसके लिए

भुगतान कर दें ऐसी जरूरतों के लिए कुछ बीमा योजनाएँ हों तो कैसा रहे? यदि इस मुद्दे को उठाना चाहें तो इन सभी उपायों को अपनाया जा सकता है।

संभवतः, दुर्भाग्यवश, यह आवश्यकता भी यू.एस. उद्घोषणा की बाट देख रही है। मैं भी असंख्य दूसरे लोगों की तरह अपना नामांकन कराना चाहूँगी व अपना योगदान देना चाहूँगी ताकि उस आयु में पहुँचने पर, उस सुविधा को प्राप्त कर सकूं। हम मूल्यों पर आधारित शिक्षा के तौर पर भी इसका अभ्यास करवा सकते हैं। श्रीमान राष्ट्रपति व प्रधानमंत्री महोदय, क्या यह मुद्दा 15 अगस्त के वादों का एक अंग हो सकता है? या फिर मतदाता आने वाले चुनावों में ऐसी मांग रख सकते हैं?

❑

11

हमारे प्रतिनिधियों के नाम

हाल ही में, न्यूयॉर्क में मेरी बुक रिलीज के दौरान एक प्रश्नोत्तर सत्र हुआ। मुझसे सैकड़ों सवाल पूछे गए। एक प्रश्न का उत्तर, स्वयं मेरे लिए प्रश्न बन गया जिसने कहीं गहराई तक मुझे छू लिया। तभी से मैं इसके साथ पढ़–लिख रही हूँ, दौड़–भाग रही हूँ और इसके जवाब तलाशने की कोशिश कर रही हूँ।

मुझसे पूछा गया, "आपके सपनों का भारत कैसा है?" मैंने प्रत्युत्तर दिया– "ऐसा भारत, जो ऋणमुक्त है। ऐसा भारत जो प्रशासन के लिए उधार नहीं लेता। ऐसा भारत कोई समर्थन, व्यापार या प्रभाव पाने के लिए नहीं बाँटता बल्कि इसलिए बाँटता है क्योंकि वह देने और बाँटने में विश्वास रखता है। ऐसा भारत जो रंग, भेद, जाति व वर्ण से ऊपर उठकर सबके साथ एक समान बर्ताव करता है। ऐसा भारत जिसके पास सबकी बुनियादी जरूरतें पूरी करने के साधन हैं, ऐसा भारत जो देने या बाँटने को ही जीने का तरीका समझता है। वही मेरे साधनों का भारत है।"

यू.एस.ए. में भारतीय राजदूत डॉ. भीष्म अग्निहोत्री के भाषण के बाद ही मेरे मन में यह विचार आए। वे कार्यक्रम के मुख्य अतिथि थे, उन्होंने बताया कि 23 करोड़ भारतीय, भारत से बाहर रहते हैं। यह शब्द मेरे दिल में बस गए और भारत को ऋणमुक्त बनाने की इच्छा का समाधान मिल गया। हम पूरी दुनिया में फैले हैं, हम इसे एक सामूहिक उत्तरदायित्व क्यों नहीं बनाते? हम अपना ऋण अपनी संतानों व अगली पीढ़ियों को क्यों सौंपें? हम एक समय सीमा तय करके, उसे प्राप्त कर सकते हैं?

15 अगस्त, स्वतंत्रता दिवस आने वाला है। यही वह दिन है, जब पूरा राष्ट्र, अपने नेता के मुख से अगले वर्ष का विजन सुनने आता है। मैं आपके और हम सबकी ओर से उन्हें एक लिखित प्रार्थना भेज रही हूँ, जो कारगर हो सकती है।

प्रार्थना निम्नलिखित है:

पहला हिस्सा : पूरे राष्ट्र में आज लाल किले की प्राचीर से भारत को ऋणमुक्त करने का स्वप्न देखा जाए और राज्यों में भी यही विजन दोहराया जाए। मैं यह नहीं कहती कि भारत को अंतर्राष्ट्रीय बैंकिंग पद्धतियों का लाभ नहीं लेना चाहिए या सामूहिक हिस्सेदारियों में शामिल नहीं होना चाहिए। मैं यह कहना चाह रही हूँ कि भारत शासन चलाने के लिए, बाहरी ऋणों की निर्भरता घटा दें। क्योंकि इनकी काफी बड़ी कीमत चुकानी पड़ती हैं और हम प्रति अपनी वार्षिक आय में से इसे चुका रहे हैं। यदि इस पैसे की बचत हो तो हम स्वयं इसका निवेश कर सकते हैं। यह एक सामान्य बुद्धि की बात है जो कि आम आदमियों के जीवन से अलग नहीं है।

हमें इसे समझने के लिए अर्थशास्त्री या वित्त विशेषज्ञ बनने की आवश्यकता नहीं है। यह एक सपना ही न बनकर रह जाए इसके लिए हमें ठोस कदम उठाने होंगे। कुछ ऐसे कदम जिनसे किसी आम आदमी को चोट पहुँचे, उसे कोई नुकसान न हो। इसके लिए एक देशव्यापी चर्चा आयोजित की जा सकती है, जहाँ आम नागरिकों को भी मतदान के अलावा, देश के दूसरे मुद्दों में सहयोग देने का अवसर मिल सके। यह सभी दलों की सीमा से बाहर होना चाहिए। इन सभी सुझावों को विशेषज्ञ पुरुष व महिलाओं को दिया जाए, जो विश्लेषण के बाद इन्हें संसद व राज्य सभाओं में पेश कर सकें।

मेरे दिमाग में एक सुझाव आता है कि हम मिलकर 'आई रिस्पैक्ट इंडिया बैंक' या 'मैत्री श्रद्धा' नामक संग्रह बनाएँ; जिसमें हम कहीं से भी अपनी व्यक्तिगत क्षमता के अनुसार धन जमा करा सकें। हम पूरी पारदर्शिता के साथ उसका हिसाब–किताब रखें। इस तरह हमारी समस्या काफी हद तक सुलझ सकती है।

दूसरा हिस्सा:– इन लक्ष्यों की प्राप्ति के लिए, लाल किले की प्राचीर से ही 'टीम स्पिरिट' जगानी होगी। लोगों में 'देशभक्ति की उत्कट भावना' जागृत हो। इसे राष्ट्रीय गर्व व एक भारतीय के आत्मसम्मान का प्रश्न बनाया जाना चाहिए। 'दृढ़ता', चाहे कोई भी दल शासन क्यों न करे, भारत को ऋणमुक्त बनाने का एजेंडा कायम रहेगा।

यह कैसे संभव हो सकता है, इसके लिए भी राष्ट्रव्यापी सुझाव लिए जा सकते हैं। 'साहस', हमें पूरी दृढ़ता से इस विजन को पूरा करने के लिए साहस चाहिए। भारत व भारतीयों के लिए इस सपने को साकार करना मुश्किल नहीं है। यह ध्यान रखें कि यह मुद्दा राष्ट्रीय वाद–विवाद का विषय बना रहे।

> ! भारत एक ऐसा सुरक्षित देश होगा जिसके पास क्रूस मिसाइलों की शक्ति ही नहीं बल्कि दुनिया की आबादी का यानी 1 अरब लोगों का आत्मविश्वास होगा। !

तब भारत को यू.एस. की सुरक्षा परिषद में स्थायी पद पाने के लिए समझौता नहीं करना पड़ेगा। तब यह एक ऐसा सुरक्षित देश होगा, जिसके पास केवल क्रूस मिसाइलों की शक्ति नहीं बल्कि जिसके पास दुनिया की आबादी का 1/7वाँ हिस्सा यानि 1 अरब लोगों का आत्मविश्वास होगा।

❑

12

सफलता के नए मुहावरे

इस सप्ताह मैंने सूचना व तकनीक क्षेत्र में सफल बहुराष्ट्रीय कार्पोरेट हाउस में तीन दिवसीय रिट्रीट में हिस्सा लिया। यह भारत के बाहर आयोजित हुआ था। इस सभा में पूरी दुनिया से आए 200 वरिष्ठ व मध्यम स्तर के एक्जीक्यूटिव, अनेक व्यावसायिक प्रतिनिधि व चुने हुए ग्राहक शामिल थे। इस रिट्रीट में, कंपनी की सफलता व वृद्धि को परिभाषित करने वाले नए उपायों व मुहावरों के आदान–प्रदान का अवसर प्रदान किया गया। सभी भागीदारों को एक जगह मिलाना व नई नीतियों का नेटवर्क भी, एक लाभ था।

इस फोरम का एक मूलमंत्र था, जो किसी भी व्यवसाय की सफलता के लिए आवश्यक होता है। वे इसे एक्सीलिरेट (Excelerate) कहते हैं। यह केवल 'एक्सल' और 'एसीलिरेट' नहीं बल्कि दोनों का मेल होता है। इसमें बताया गया कि किस प्रकार श्रेष्ठता व दक्षता के मेल से बेहतर नतीजे पाए जा सकते हैं। यह समूह सामूहिक रूप से वचनबद्धता निभा रहा था। जबकि उनका व्यवसाय पहले से ही काफी महत्त्वपूर्ण स्थिति में था।

यह रिट्रीट उत्सुकता व भविष्य की योजनाओं से भरपूर थी। बड़ी तेजी व कुशलता से आगे बढ़ने वाली कंपनी, अपनी श्रेष्ठता बनाए रखने का संकल्प ले रही थी। सदस्यों को आशा थी कि जब वे ऐसे ही किसी समारोह में मिलेंगे तो उन्हें अपने आपको आगे ले जाने के लिए नई चुनौतियाँ तलाशनी होंगी। मैं वहाँ एक स्पीकर थी इसलिए मुझे इस समारोह को देखने का अवसर मिला। यह सचमुच ऊर्जा व जोश से भरपूर था।

मैं एक शाम पहले पहुँच गई थी इसलिए मुझे उनका पुरस्कार वितरण देखने

का अवसर भी मिला। उन्होंने प्रत्येक व्यक्ति में छिपी हर संभव विशेषता को मान्यता दी, जिसने कंपनी को ऊँचाइयों तक ले जाने में मदद की थी; जैसे–पहल, मेहनत, दृढ़ता, प्रगति, ग्राहक सेवाएँ, वचनबद्धता, समर्पण, टीम स्प्रिट, निःस्वार्थ सेवा, सबसे छोटा स्टार आदि। स्वस्थ प्रतियोगिता को प्रोत्साहन देने के लिए प्रांतीय आधार पर भी मान्यता दी गई। यह समारोह पूरे जश्न व जोश के साथ मनाया गया। उस सबने मिलकर एक थीम सांग भी गाया, सचमुच यह सब उमंग से भरा था।

> हमें पहचानना होगा कि पारिवारिक समर्थन के बिना लक्ष्यों की प्राप्ति असंभव है।

मैंने कल्पना की कि क्या हमारे सरकारी विभागों में सीनियर व जूनियर इस तरह एक हो सकते हैं। इस अवसर पर पूरे विभागों की कार्यकुशलता को सराहा जा सकता है। वे भी ईमानदारी, लगन, सेवा, समय की पाबंदी, संवेदनशीलता, धैर्य, दक्षता, रवैए व पहल को पुरस्कृत कर सकते हैं। वे भी एक थीम सॉन्ग गा सकते हैं, जो उन्हें सार्वजनिक सेवा व देशभक्ति की भावना से सराबोर कर सके वे भी अपने आने वाले वर्ष में, सेवाओं में सुधार का संकल्प ले सकते हैं। वे भी श्रेष्ठता के लक्ष्य पा सकते हैं। जिस दिन यह सपना हकीकत बन जाएगा उस दिन प्रेरणा व मान्यता प्रदान करने की औपचारिक संस्कृति ही बदल जाएगी, जहाँ केवल उदाहरणीय कार्य को ही पुरस्कृत किया जाएगा व सराहा जाएगा।

यह एवार्ड नाइट पूरी तरह से सकारात्मक व टीम स्पिरिट से भरपूर थी। कार्पोरेट जगत के लिए ऐसे कार्यक्रम आवश्यक होते जा रहे हैं। गला काट प्रतिस्पर्धा के युग में यह उपयुक्तता की अनिवार्य शर्त है। मैंने सोचा कि क्या इससे भी स्वस्थ और संपूर्ण विकल्प हो सकता है। तुलनात्मक रूप से, सरकार कुछ सेवाओं में एकाधिकार रखती है तथा उस क्षेत्र में बुरे प्रदर्शन के बावजूद, रोजगार के क्षेत्र में अपना प्रभुत्व जारी रख सकती है, चाहे उसकी वित्तीय दशा कैसी भी क्यों न हो। लेकिन मैंने देखा कि इन कार्पोरेट समारोहों में भी थोड़ी सी कमी थी। इनमें परिवार के सदस्यों व जोड़ीदारों की कमी थी। परिवार व साथी भी तो लक्ष्य पूर्ति में प्रत्यक्ष सहायक होते हैं। उन्हें ऐसे समारोहों से दूर रखने का मतलब है कि इस आनंद के अनुभव को अल्पजीवी बनना होगा।

जब ये लोग समारोह के बाद घर लौटेंगे तो थकान की वजह से, विस्तार से नहीं बता पाएँगे कि रिट्रीट में क्या हुआ, फिर उन्हें अपने अगले लक्ष्य की ओर बढ़ने की जल्दी भी होगी। हमें पहचानना होगा कि पारिवारिक समर्थन के

बिना ऐसे लक्ष्यों की प्राप्ति असंभव है। अपने लोगों के साथ खुशी बाँटने से बड़ी खुशी कोई नहीं होती।

हमें इसे अपनी कार्य संस्कृति में शामिल करना चाहिए व पोषण देना चाहिए। भारत कार्पोरेट जगत को यह प्रबंधन अवधारणा दे सकता है। मैंने अपनी बातचीत के दौरान यही तथ्य उनके सामने रखा तो उन्होंने भी इसे कबूल किया कि वे वहाँ अपने परिवार वालों को 'मिस' कर रहे थे, परिवार के बिना उपलब्धियों से मिलने वाली खुशी अधूरी है। वहाँ घोषणा की गई कि वे अगला समारोह अपने साथी या परिवार के साथ मनाना चाहेंगे। यह हमारी सरकार के लिए भी एक सबक है। यदि कोई सकारात्मक समारोह हो तो पारिवारिक सदस्यों की उपस्थिति अनिवार्य होनी चाहिए ताकि खुशी के वे पल दुगने हो सकें।

❑

13

एक तुलनात्मक अध्ययन

जब मैं न्यूयॉर्क में थी तो मैंने यू.एस. के प्रेजीडेंट चुनाव को बड़ी उत्सुकता व तुलनात्मक रुचि से देखा। मेरी रुचि इसलिए भी अधिक थी क्योंकि उन चुनावों के साथ–साथ, भारत में भी राज्यसभा के चुनाव हो रहे थे। मैं सी.एन.एन. और जी टी.वी. चैनल और इंटरनेट पर एन.डी.टी.वी. के माध्यम से भारत व यू.एस. की प्रक्रियाएँ देखतीं। मैं अपने पाठकों के साथ वे स्थितियाँ बाँटना चाहूँगी।

अब तो हम जानते हैं कि विजेता कौन हैं लेकिन यहाँ मैं हार/जीत पर केंद्रित करने की बजाए उस परिदृश्य की प्रक्रिया के बारे में बात करना चाहूँगी, जो कई महीने तक चलती रही।

यू.एस. में यह मतदाताओं के लिए राजनीतिक व निर्वाचक साक्षरता का मामला होता है। मतदाता सिर्फ किसी प्रतीक पर बटन नहीं दबाता, वह उम्मीदवार का नाम चुनता है। भारत में भाषा की विभिन्नता की वजह से कई भाषाओं का इस्तेमाल होता है, जबकि वहाँ केवल अंग्रेजी भाषा ही इस्तेमाल की जाती है।

सभी मतदाता विभिन्न फोरमों के माध्यम से, विभिन्न विषयों पर उम्मीदवारों के विचार जानना चाहते हैं; जैसे–गर्भपात, समलैंगिक अधिकार, रोजगार, न्यूनतम वेतन, स्वास्थ्य रक्षा, सामाजिक सुरक्षा, परमाणु हथियार, मातृभूमि सुरक्षा आदि।

इस पूरे अभियान में उम्मीदवारों के परिवार की भूमिका भी अहम होती है। उनकी उपस्थिति किसी संपत्ति से कम नहीं होती। परिवार माँ का नहीं, पिता का परिचय देता है।

वे अपने निजी प्रसंग भी बाँटते हैं, जिससे व्यक्ति के जीवन का कोमल पक्ष प्रतिबिंबित होता है। फिर वे प्रसंग टी.वी. की संपत्ति बन जाते हैं। मिसाल के लिए, सीनेटर जॉन कैरी की बेटी ने बताया कि कैसे उसके पिता ने एक चूहे को डूबने से बचाया, जब वे नाव चला रहे थे। मंच पर परिवार एक–दूसरे को चूमते व आलिंगन देते देखे जा सकते हैं। दंपत्ति एक–दूसरे के हाथ थामे रहते हैं व श्रोता इसे पसंद करते हैं। टी.वी. सारे कार्यक्रम दिखाता है और समाचार पत्रों में भी बड़े–बड़े फोटो छपते हैं।

– मतदाताओं तक पहुँचने के लिए कई तकनीकें इस्तेमाल की जाती हैं। विज्ञापन (चैट शो, प्रिंट मीडिया, इंटरनेट व बैनर आदि) पर काफी पैसा खर्च किया जाता है। ये सारे खर्चे जनता द्वारा इकट्ठे किए गए फंड से ही होते हैं। वहाँ अनेक रचनात्मक प्रवृत्ति के लोग होते हैं, जो किसी भी तरह की नीति पर झटपट प्रतिक्रिया देते हैं। मैं वहाँ विशेषज्ञों की संख्या देख कर चकित रह गई, जो उम्मीदवारों से सवाल–जवाब कर रहे थे। उनकी विशेषता के क्षेत्र काफी विस्तृत थे।

अपने यहाँ से इसकी तुलना करने पर मेरे दिमाग में कुछ सवाल पैदा हुए। हमारे भारतीय उम्मीदवारों के परिवार कहाँ हैं? वे सार्वजनिक मंच पर कब दिखाई देते हैं? वे कैसी भूमिका निभाते हैं? उम्मीदवारों की जवाबदेही क्या है? क्या हमारे पास भी उन संप्रेषण तकनीकों को अपनाने के लिए पर्याप्त धन है? उम्मीदवारों की जानकारी कितनी होती है। क्या वे एक–दूसरे को चुनौती देने की इच्छा रखते हैं? वहाँ उनकी एक–एक बात व आंकड़ों की सच्चाई का पता लगाने के लिए टी.वी. रिपोर्टर मौजूद होते हैं।

भारतीय निर्वाचन पद्धति ने भी एक लंबा रास्ता तय किया है। हमारे पिछले दो मतदान कमिश्नरों को प्रतिष्ठित मेग्सेसे पुरस्कार से नवाजा

गंया लेकिन अब भी वास्तविकता के इस सर्कस में बहुत दूर तक जाना बाकी है। मतदाताओं को यह जानना ही चाहिए कि वे किसे वोट दे रहे हैं। उस व्यक्ति की प्रशासनिक निपुणता क्या है? इस विशाल सर्कस में विभिन्न मुद्दों पर उत्तरदायित्व भी बहुत महत्त्वपूर्ण है। हमारे उम्मीदवारों का रिकॉर्ड साफ होना चाहिए। उनके ऊपर किसी भी तरह का कोई मामला न हो और वे प्रशासनिक कौशल में भी निपुण हों।

! हमारे उम्मीदवारों का रिकॉर्ड साफ होना चाहिए। उनके ऊपर किसी भी तरह का कोई मामला न हो और वे प्रशासनिक कौशल में भी निपुण हों। !

14

मतदाता का अधिकार

मैंने भी बाकी अमरीकियों की तरह तीनों 'राष्ट्रपति वाद–विवाद' (प्रेजीडेंशियल डिबेट) देखे। यह कुछ उन दिनों की तरह था जब हम 'रामायण' के कुछ खास धारावाहिक देखने के लिए घर भागते थे।

पहले डिबेट के दौरान मैं कुछ घबराई हुई थी क्योंकि मैं उन दो प्रत्याशियों में से एक के साथ थी। मेरे पास इस चुनाव के कुछ मजबूत कारण भी थे, हालांकि मैं आपको बताने नहीं जा रही कि मैं किस ओर थी, यह सब आपको किसी और दिन बताऊँगी। मुझे भी यह बताने के लिए इंतजार करना होगा। जब मैं डिबेट देख रही थी तो मुझे हैरानी हुई कि मैं लगातार हमारे राज्यसभा चुनावों से उनकी तुलना कर रही थी। मैंने इंटरनेट के माध्यम से जी टी.वी. और एन.डी. टी.वी. पर उन्हें देखा।

दोनों देशों की राजनीतिक पद्धतियों में काफी अंतर था। मेरे लिए यह सारी तुलना, एक बटन दबाने से सामने आ जाती थी। चैनल 10 या चैनल 504। वरिष्ठ व केंद्रीय राजनीतिज्ञों द्वारा संकेतिक मुंबई रैलियों व यू.एस. प्रेजीडेंशियल प्रत्याशियों की रेस्तरां व टाऊन हॉल सभाओं में काफी अंतर था। यू.एस. में ब्लैक कैट आदि भी कहीं नहीं दिखे, वे यहाँ पूरी तरह अदृश्य थे।

श्रोताओं की निर्भीकता देखने लायक थी। वे खुलकर प्रश्न पूछ रहे थे। वे वहीं सबके बीच अपने विचार प्रकट कर रहे थे। उन्होंने विभिन्न मुद्दों पर सीनेट में कितनी बार वोट दिया व उनकी उपस्थिति सूची आदि भी पूरी तरह जवाबदेह थी!

मेरे लिए, यह कई कारणों से अभ्यास में प्रजातंत्र था, मतदाताओं को मतदान से पहले यह जानने का अधिकार देना कि वे किसे मत दे रहे हैं। मेरे लिए नागरिकों

को सूचना का अधिकार देने के लिए, टी.वी. व इंटरनेट तकनीक का अधिकतम उपयोग था।

मैं आपको उनके द्वारा पूछे गए कुछ प्रश्न बताना चाहूँगी, फिर मैं कुछ सुझाव दूँगी कि हम अपने प्रजातंत्र को पारदर्शी बनाने के लिए, उनसे क्या सीख सकते हैं। वे प्रश्न हैं:–

> मतदाताओं को ! अधिक जानकार, अधिक सहयोगी और अधिक उत्तरदायी होना ! चाहिए।

- आप वर्तमान संदर्भों की राष्ट्रीय सुरक्षा की तुलना में अमरीका को अधिक सुरक्षित कैसे बनाएँगे? क्या देश हमेशा के लिए सुरक्षित हो जाएगा?
- आप टैक्स कैसे घटाएँगे? हमारी ओर देख कर कहें कि आप मध्यम वर्ग पर टैक्स का बोझ नहीं लादेंगे।
- आप उस व्यक्ति के लिए क्या करेंगे, जिसे दूसरे देश में किसी की वजह से अपनी नौकरी गँवानी पड़े?
- आप बेहतर स्वास्थ्य रक्षा व देखभाल के लिए क्या करेंगे? इसके लिए धन कहाँ से आएगा?
- गर्भपात, समलैंगिकता व समलिंगी विवाह के विषय में आपके क्या विचार हैं?
- किसी व्यक्ति का 'उच्च शक्ति' के विषय में धारणा का निर्णय निर्धारण क्षमता पर क्या प्रभाव पड़ता है?
- न्यूनतम वेतन और सामाजिक सुरक्षा के मुद्दे पर क्या कहेंगे?
- आप आप्रवास के मुद्दे पर क्या कहना चाहेंगे?
- आप घाटे की खाई कैसे भरेंगे?
- सीमाओं की सुरक्षा के लिए क्या करेंगे?
- जजों के लिए लिटमस टेस्ट क्या होगा?
- शिक्षा के विषय में आपके विचार?
- अस्त्रों के विषय में आपके विचार?
- सशस्त्र सेना की संख्या कैसे बढ़ाएँगे?
- देश को एक साथ आगे कैसे लाएँगे?

जनता की राय के नतीजे भी झटपट सामने आ गए। दर्शकों को कुछ ही मिनटों में डिबेट का नतीजा मिल गया। झटपट आँकड़े दिखा दिए गए। यह लोकप्रिय वोट था जबकि औपचारिक वोट होने बाकी थे।

यदि भारत में भी ऐसा ही हो तो? प्रत्याशियों से ऐसे खुले प्रश्नों के विषय

में कल्पना करें, सर्वे से पता चला है कि अनेक प्रत्याशियों के भी इसी तरह के अपराधिक रिकॉर्ड होते हैं। उनकी घोषित अघोषित संपत्ति से जुड़े प्रश्न? सटीक आँकड़ों के साथ परिवार की भूमिका से जुड़े प्रश्न?

किसानों को आत्महत्या, स्वास्थ्य सेवा, गुणवत्ता, सशक्तीकरण, सत्ता, स्कूल, यातायात, पानी, देहात, अपराध व प्रदूषण से जुड़े प्रश्न पूछे जाएँ तो...

इसके अलावा और भी कई मुद्दों पर सवाल पूछे जा सकते हैं। कई बार राजनीतिक रैलियों में असली मतदाता, जनता से काफी दूरी पर होते हैं क्योंकि रैलियों में भारी संख्या में लोग जाते हैं।

कौन से उम्मीदवार इन सवालों के जवाब देंगे? और कभी क्या वे ऐच्छिक होंगे? या वे किसी कानून के तहत जवाब देंगे? क्या भारतीय प्रजातंत्र और निर्वाचन पद्धति परिपक्वता की निशानी होगा? क्या मतदाताओं को और भी जानकारी मिल पाएगी? क्या वे अधिक सहयोगी और उत्तरदायी हो पाएँगे?

मुझे पूरी उम्मीद है कि मेरे जीवनकाल में ही यह संभव होगा। हम बहुत जल्दी ही इस देसी डिबेट को देख पाएँगे। 'हम लोग' ऐसा चाहते हैं।

❑

15

रूपांतरित नेतृत्व की माँग

हो सकता है कि हम सुदूर देशों में रह रहे हों, विभिन्न बोलियाँ बोलते हों, अलग–अलग संस्कृतियाँ रखते हों लेकिन जब मानव प्रबंधन की बात करते हैं तो हमारी कई ताकतें और कमजोरियाँ सामने आती हैं। मैंने हाल ही में की गई ड्यूटी के दौरान, इसे प्रत्यक्ष रूप से देखा मैं अपनी शपथ की वजह से, आपको स्थान का सही विवरण नहीं दे सकती।

मैं एक ऐसी जगह थी, जहाँ अंतर्राष्ट्रीय समुदाय, प्रशासनिक तंत्र को मदद देने के लिए गया था। आपराधिक न्याय तंत्र आदि अन्य क्षेत्र, प्राथमिक क्षेत्र थे।

जब मैं अंतर्राष्ट्रीय समुदाय या समाज की बात करती हूँ तो इसका अर्थ होता है, हर मायने में विशेषज्ञता का एकजुट होना। जिन्हें विभिन्न देशों से बुलाया जाता है। प्रत्येक अनुभवी अधिकारी को बड़ी सावधानी से चुना जाता है। वे काफी माँग में रहते हैं और अनमोल मानवीय संसाधन बनाते हैं। उनमें से अनेक को कुछ समय के लिए ही भेजा जाता है। वे सलाहकार, व्यवसायी, परामर्शदाता और स्वयं सेवक होते हैं। उन्हें अंतःसंबंधित काम व लक्ष्यों की पूर्ति के लिए भेजा जाता है। यह निःसंदेह एक ऐतिहासिक लक्ष्य है, जिसे अंतर्राष्ट्रीय सहक्रिया का सहयोग प्राप्त है।

मैं भी इसी बात पर आना चाहती हूँ। यह विशाल और विविध अंतर्राष्ट्रीय उपस्थिति यह अध्ययन करने का अवसर है कि हम दिए गए कार्य को कैसे पूरा करते हैं। हमारे काम करने के तरीके क्या हैं? क्या वे भी अलग–अलग

हैं? मैंने पूरी दुनिया में घूमने व लोगों से मेल–मुलाकात के दौरान, इस अवसर का पूरा लाभ उठाया। कुछ ढांचें स्पष्ट रूप से सामने आए, जिन्होंने मुझे यह लेख लिखने की प्रेरणा दी। निःसंदेह यह मेरे लिए भी गहन शिक्षाप्रद अनुभव कहा। यहाँ में कुछ निरीक्षण प्रस्तुत कर रही हूँ, जिन्हें मैं 'विविधता में समानता' कहना चाहूँगी।

1. **वचनबद्धता में कमी** : यह सबका एक सामान्य गुण जान पड़ता है। कोई अपने देश या अंतर्राष्ट्रीय समुदाय से जो भी प्राप्त करता है, उसकी वापसी में वचनबद्धता की कमी झलकती है। किसी भी व्यक्ति का मामला ऐसा नहीं था, जिसे वहाँ उसकी मर्जी के खिलाफ भेजा गया हो। अगर ऐसा होता तो शायद वे काम करने में अनिच्छा जताते। उन्हें पर्याप्त व शीघ्र परिणामों की कोई परवाह न होती और काम न करने को ही बेहतर चुनाव माना जाता।
2. **संप्रेषण की इच्छा का अभाव** : लोगों ने अपने कौशल व ज्ञान का उपयोग तो किया लेकिन दूसरों की जरूरतों पर ध्यान नहीं दिया। सीनियर मानते थे कि उन्होंने कह दिया या संकेत दे दिया, बस बाकी सबको उसे समझ लेना चाहिए जिन लोगों के कल्याण की दृष्टि से यह सब किया गया, उन्हें हिस्सेदार नहीं बनाया गया। संप्रेषण पर पूरा ध्यान नहीं दिया गया। जब तक हम संप्रेषण के महत्त्व को नहीं जानेंगे, दूसरे के विचार हम तक कैसे पहुँचेंगे। इस तरह हम कभी उनकी मदद नहीं कर सकते। यह भी वहाँ सा दिखाई दिया हालांकि सभी जगह कुछ अपवाद भी थे।
3. **क्रियाशील व्यवहार का अभाव** : ज्यादातर उत्तर, बचावपूर्ण होने की बजाए प्रतिक्रियात्मक होते थे। जूनियरों को पूछना चाहिए, उन्हें रिपोर्ट करना चाहिए और स्वयं आना चाहिए, यदि वे ऐसा नहीं करते तो सीनियरों को दोष कैसे दिया जा सकता है? वे तो सुपरवाइजर हैं, वे जूनियरों के पास कैसे जा सकते हैं? तब उन दोनों के बीच फर्क ही क्या रह जाएगा?

दरअसल समस्या यह है कि समाज सिर्फ निगरानी करने वालों की

बजाए प्रभावी प्रबंधक चाहता है। हमें ऐसे नेता नहीं चाहिए, जो अपने महलों में रहते हैं। हमें समुदायों के रूप में नेतृत्व को रुपांतरित करना होगा, जो सबसे पहले मूल्यों को प्राथमिकता दे। एक बार ये सत्ता में आ जाएँ, तो सभी इनका पालन करेंगे। इसमें कोई हैरानी की बात नहीं कि ऐसे विषयों पर अध्ययन सहित लिखी गई पुस्तकें, अपनी विविध पृष्ठभूमि के बावजूद, दुनिया के हर कोने में पढ़ी जाती हैं व बेस्ट सैलर बनती हैं क्योंकि वे मानवीय समानताओं को संबोधित करती हैं।

> ! हमें समुदायों के रूप में नेतृत्व को रूपांतरित करना होगा जो सबसे पहले मूल्यों और सिद्धांतों को प्राथमिकता दे। !

❑

16

सत्ता का असली अर्थ

अब दुनिया के पश्चिमी हिस्से में रहते हुए, सत्ता के नग्न 'नटराजाओं' की साक्षी होने के बाद मैंने निम्नलिखित प्रश्नों पर गहराई से विचार किया : आज ताकत का असली अर्थ क्या है? क्या यह नैतिक है? क्या यह भौतिक है? क्या यह मानसिक है? यह क्या है? इसके कौन से तत्त्व आज की दुनिया में सर्वोच्च बनते जा रहे हैं? क्या हम आम आदमी के तौर पर सचमुच इसे समझते हैं, खासतौर पर जब हम भौगोलिक रूप से पश्चिमी दुनिया के दूसरे कोने से हैं।

मैं अपने चारों ओर देखती हूँ और अपने नए परिवेश के प्रति संवेदनशीलता दर्शाती हूँ और कुछ सवालों के जवाब चाहती हूँ हालांकि सब कुछ मेरे साथ व्यक्तिगत रूप से नहीं होता लेकिन मैं अपने सामने जो भी देखती हूँ, उसे ग्रहण करती हूँ और अच्छा लगने पर सराहती भी हूँ।

मैं पूरी तरह सचेत हूँ कि कोई भी व्याख्या शोध पर आधारित न हो तो वह पक्षपाती मानी जा सकती है अतः यहाँ मैं जो भी बाँटने जा रही हूँ, वह मेरे देखने, महसूस करने या सोचने की वजह से है।

मेरे लिए 'पावर' शब्द के निम्नलिखित अर्थ हो सकते हैं पावर में 'पी' शब्द हमेशा 'पीपल' नहीं 'पर्सन्स' के लिए भी होता है, यदि यह हालात से मेल खाए तो हम बेशक कहते हैं कि लोगों द्वारा चुने गए प्रतिनिधि, लोगों के लिए बोलते हैं लेकिन कुछ सवाल ऐसे भी हैं, जो हमेशा अनुत्तरित रह जाते हैं, वे हैं—उन्हें कब बोलना चाहिए और कब नहीं बोलना चाहिए? कोई संबंधित व्यक्तियों को कैसे बताता है? यदि संदेश उन तक न पहुँचे, तो क्या हो? 'पी' शब्द का अर्थ 'पोजीशन'

भी है जो उन संबंधित व्यक्तियों/व्यक्ति की हो सकती है। पद जितना केंद्र में होगा, उसका रोब व नियंत्रण उतना ही अधिक होगा।

> कोई भी देश जितना पाता है, उतना ही गुलाम होता जाता है। कोई देश जितना देता है, उतना ही हुक्म चलाता है।

मेरे लिए 'ओ' का अर्थ है 'ऑपरेशनल पॉवर' सत्तासीन व्यक्ति कितना क्षमतावान है? इससे कुछ सवाल पैदा होते हैं–उसके आसपास कौन होते हैं? वह उन लोगों का प्रयोग कैसे करता है? वह व्यक्ति धन/ताकत नैतिक बल में से किस पर भरोसा रखता है? 'ओ' का अर्थ 'ऑयल पावर' भी है हालांकि अकेला नहीं आता, यह आज के समय में एक उत्तरदायित्व भी हो सकता है।

'डब्ल्यू' का अर्थ है वेयरविदल (साधन) जो कि उस व्यक्ति के पास है। यह ऑपरेशनल पावर की क्षमता का सूचक है। इसका अंतर ही तो गुणात्मक बदलाव लाता है।

आज की दुनिया में व्हाईट का मतलब भी पावर है। इसमें हार्ड करेंसी शामिल है। यह ग्रीन बैक, चेन और यूरो की दुनिया है। कहते हैं न, 'इट्स द मनी, हनी'!

'ई' से मतलब है 'इंगलिश' अगर कोई इसे नहीं जानता तो वह कमजोर माना जाता है। वैसे इसे शिक्षा का अंग होना चाहिए! लेकिन माना यही जाता है कि अगर आपको अंग्रेजी आती है तो आप पढ़े–लिखे भी होंगे। यह सोच कब बदलेगी?

'आर' से अर्थ है 'रीजन' जिस प्रांत से कोई आया है। पूरी दुनिया 'है' और 'नहीं है' के खानों में बँटी है। देने वाले और पाने वाले! उत्तर और दक्षिण। दुनिया के कुछ हिस्से ऐसे हैं, जो पूरी तरह हिस्सों में बँटे हैं। यह देने वालों और पाने वालों का दृश्य संबंध है। कोई भी देश जितना पाता है, उतना ही गुलाम होता जाता है। कोई देश जितना देता है, उतना ही हुक्म चलाता है।

मेरे हिसाब से आज के समय में पावर उस व्यक्ति के पास होती है, जो अंग्रेजी बोल सकता है तथा दुनिया के गोरी चमड़ी वाले क्षेत्र में संगठनात्मक या राजनीतिक बल रखता है। यह सारी ताकत पुरुषों की है। यहाँ कहीं महिलाएँ दिखाई नहीं देतीं।

संख्या, मूल्य, इतिहास, संस्कृति, रचनात्मकता, डिग्री, महिला या फिर लुक्स में

पावर नहीं होती। सफेद चमड़ी, अंग्रेजी भाषा, राजनीतिक पद, जन्म का स्थान, जहाँ कोई जन्मा हो, तेल सम्पन्नता व दानी देशों के पास पावर होती है।

क्या हम एक अरब से भी अधिक जनसंख्या वाले देश में पावर का यह अर्थ समझते हैं? शायद नहीं! क्या इसे बदल सकते हैं? मैं कहती हूँ कि हम इसे निकट भविष्य में बदल सकते हैं। अगर हम 'पी' अक्षर से शुरुआत करें तो हम अरबों/प्राप्तकर्ता/शोषित/अंग्रेजी न जानने वाले पुरुष तथा महिलाएँ/सभी प्रांत/जॉन ऑयल–मिलकर फैसला कर सकते हैं कि हम मिलकर मानवता के मुद्दों को उठाएँगे और पूरी दुनिया आने वाले कल की बेहतरी की आशा कर सकती है।

❑

17

न्याय व्यवस्था को पूरे अंक

> विश्व के सबसे बड़े प्रजातंत्र में निवासियों को सरकार से सूचनाएं जानने का अधिकार है।

जब मैंने यहां इटरनेंट पर सुना कि मेरे देश की सर्वोच्च अदालत ने मतदाता को उम्मीदवार के विषय में सूचना पाने का अधिकार दे दिया है, तो मेरी खुशी का ठिकाना नहीं रहा।

मैं बड़ी उम्मीद से इस दिन के आने का इंतजार कर रही थी, जब हमें यह जानने का हक होगा कि हमारे राजनेता कौन हैं? उनके ट्रैक रिकॉर्ड क्या हैं? उनकी शिक्षा का स्तर क्या हैं? उनकी आजीविका का साधन क्या हैं? हालांकि यह उनके निर्जी जीवन में घुसपैठ करने का प्रश्न नहीं हैं। लेकिन हम जानना चाहते हैं कि हम किसे वोट देने जा रहे हैं, किसे देश का शासन चलाने के लिए चुन रहे हैं, किसे अपना वर्तमान ही नहीं बल्कि भविष्य भी सौंप रहे हैं। जब भी मुझे अपनी सर्विस के दौरान किसी पद के चुनाव का अवसर मिलता तो मैं यह देखकर हैरान रह जाती कि किस तरह उम्मीदवार की उद्घोषणा में जरा सी भूल, उसे उस ऑफिस के लिए नाकाबिल ठहरा सकती है। कानून उल्लंघन का जरा सा भी रिकार्ड, उसकी बजाए दूसरे साफ रिकॉर्ड वाले को लेने के लिए काफी होता।

इस निर्णय ने हमें अपराध बोध से बचा लिया तो इन प्रश्नों का सामना करने पर भुगतना पड़ता। हम अकेले क्यों हैं? उनका क्या हुआ? लेकिन अब तो मेरे हिसाब से मतदाता की जिम्मेदारी पहले से काफी बढ़ गई हैं क्योंकि वह जानबूझ कर ही किसी ईमानदार, कर्त्तव्यपरायण या फिर बेईमान भ्रष्ट नेता को चुनेगा। विपक्ष भी इस अवसर का भरपूर लाभ उठाते हुए अपने उम्मीदवार को उस नाव में सवार नहीं

करेगा। यदि ऐसा हुआ तो यह उस क्षेत्र के साथ–साथ देश के लिए भी बुरा होगा। यदि वोटर प्रतीकात्मक रूप से अपना विद्रोह जताना चाहे तो उसके पास एक ही उपाय होता है कि वह मतदान–पत्र को अवैध कर दें। लेकिन इससे उसके विद्रोह का स्पष्ट रूप से पता नहीं चलता। उसका संदेश स्पष्ट रूप से नहीं पहुंच पाता।

कल्पना करें कि हमें एक दिन रिजेक्शन यानी 'अस्वीकृति का अधिकार' मिल जाए तो .... तब ऐसे हालात भी हो सकते हैं कि रॉबिन हुड को थोक में मत मिलें। स्वतंत्र प्रत्याशी (पुलिस रिकॉर्ड के बिना) उन्हीं हलात में रिजेक्शन वोट पाएं, जहां ऐतिहासिक रूप से रॉबिन हुड का नियंत्रण रहा हो। हालांकि इसका विपरीत भी हो सकता है।

मेरा मानना है कि यह निर्णय आने वाले सालों में दुनिया के विशाल प्रजातंत्र का राजनीतिक रूप सुधार देगा। देश में सुधार लाने व सेवा भावना रखने वाले ज्यादा से ज्यादा लोग राजनीति में प्रवेश करना चाहेंगे। क्यों नहीं? उनकी मांग भी तो होगी।

अब यही देखना बाकी रह गया है कि किस तरह के जनसंपर्क अभियान चलाए जाएंगे और किस तरह के विज्ञापन व पोस्टर छपेंगे। आने वाले दिन एक आम मतदाता के हैं, जो राजा या रानी चुनने वाले हैं। कितने मतदाता सचमुच इसे जानते हैं? क्या कोई उन्हें इस बारे में सूचित करने जा रहा है। शायद यह एन.जी.ओ. के लिए आने–जाने का अच्छा मौका है, वे अपनी उपस्थिति दर्ज करा सकते हैं। वे नए सिरे से इसे आरंभ कर सकते हैं। सही हकदारों को ही पुरस्कार मिलेंगे।

अब नियम, जनता की संपत्ति हैं, वे उन्हें जान सकते हैं। हमें इस बारे में जागरूकता फैलानी होगी। देश नागरिकों से यही तो चाहता है। पूरे आदर–मान के साथ इसकी मांग पूरी करे। यह हमारी मातृभूमि है।

❑

18

नेतृत्व के रहस्य

कोई नेतृत्व कब आरंभ होता है? क्या हम इसका राज खोल नहीं सकते? जब मैं सिंगापुर में, सन् 2004 में 'डिफाइनिंग लीडरशिप' विषय पर ली कुआनयेव, रुडी गिमलियानी, फ्रांसिस फोर्ड कोप्पोला और वारेन बैनिस को बोलते सुन रही थी तो ऐसे ही कुछ प्रश्न मेरे दिमाग में पैदा हुए। वे भी मेरी तरह ग्लोबल ब्रांड में स्पीकर थे।

मुझे एहसास हुआ कि हम सबने नेतृत्व के बारे में सही बातें कहीं हैं लेकिन इसे अवधारणात्मक रूप में लिया, जिसकी तह तक जाना जरूरी है। यदि हम नेतृत्व के आरंभ का पता लगा लें, तो इसे सब तक पहुँचाने में सफल हो सकते हैं।

विद्वान स्पीकरों ने श्रोताओं से कहा की नेतृत्व मिशन स्टेटमेंट, प्रेरणा देने, कौशल, संप्रेषण, आशावादी नजरिए, रणनीतियों, कड़ी मेहनत व अनुशासन, टीम स्प्रिट, दिशा निर्देश, खतरा मोल लेने, साहस, निरीक्षण व श्रवण, मूल्यों तथा अखंडता से जुड़ा होता है।

मैंने अपने–आप से पूछा कि "हमारे भीतर ये खूबियाँ कब पैदा होती हैं? क्या वे स्वर्ग से आती हैं? क्या वे जन्मजात होती हैं या उन्हें जीवन में सीखना पड़ता है? मेरे दिमाग में इसका उत्तर, एक प्रश्न के रूप में पैदा हुआ "हम दूसरों का नेतृत्व करने से पहले, नेतृत्व करना नहीं सीखते?" "हम दूसरों को सिखाने से पहले, अपना नेतृत्व करना नहीं सीखते?"

इस उत्तर ने नेतृत्व के रहस्य को मेरे लिए उजागर कर दिया। यह 'मैं' की शक्ति में छिपा है। दूसरे शब्दों में यह आत्मबुद्धि, माता–पिता, अभिभावकों व परिवेश के बल पर होने वाली वृद्धि है। जो सब मिलकर प्यार करना व लेना सिखाते हैं।

देना व पाना सिखाते हैं। बाँटना और सीखना सिखाते हैं। प्रेरित करना व प्रेरित होना सिखाते हैं। सुनना व प्रकट करना सिखाते हैं। हँसना–रोना, सहना व क्रोध करना सिखाते हैं। जीवन–मृत्यु का अनुभव, पाना–खोना, आराम–विश्राम, भय व साहस, मान–अपमान, ईमानदारी व कपट, आनंद व उत्तरदायित्व, काम व प्रदर्शन, मित्र व शत्रु, तेरा–मेरा सिखाते हैं।

इस तरह जीवन के पहले दशक में परिस्थितियाँ हमारा नेतृत्व करती हैं, हमारी जन्मजात प्रवृत्तियों को सुधारती, निखारती व विकसित करती हैं। इसी समय में हमारी आदतों के बीच, भावी नेतृत्व की संभावित विशेषताओं के बीज बोए जाते हैं। अगले दशक में वे जड़ें जमा लेते हैं और हम निजी हालात के हिसाब से उन्हें पहचानने लगते हैं, यही एक व्यक्ति से दूसरे व्यक्ति को अलग करता है।

इसके बाद के दशकों में आने वाले वर्ष उन सब बीजों के फलने बिखरने, जड़ें जमाने या स्थगन से जुड़े होते हैं, जिन्हें हमने जाने–अनजाने पोषित किया था। हम वही हैं, जैसा बनने के लिए हमने स्वयं को अनुमति दी है। हम वही काटते हैं, जो बोते हैं। हालात ही हमारे बगीचों को सामने लाते हैं, जिससे पता चलता है कि हम कैसे माली हैं और हमने अपनी मिट्टी के साथ क्या सुलूक किया है। हमारे पौधे फलते–फूलते दिखाई देने लगते हैं।

हम एक आत्म–दिव और प्रतिष्ठा विकसित कर लेते हैं। जब हम अपने व्यक्तित्व के पर्दे हटाते हैं तो हमें पता चलता है कि हम क्या बन गए हैं। हम अपने भीतर से बदलाव लाना चाहते हैं तो भीतर से ही कोई आवाज उठाता है क्योंकि वहाँ उसकी जड़ें जमी हैं। हम सफल होते हैं या फेल हो जाते हैं। बाहरी दुनिया में प्रतियोगिता से पहले हमें भीतरी संघर्ष से निपटना चाहिए। सबसे पहले अपने–आपको अच्छी तरह जानना होगा लेकिन लगातार कुछ सीखने या न सीखने का चुनाव भी करना होगा। हम सबको जीवन में पौधा रोपने व उसे पोषण देने के चुनाव करने पड़ते हैं लेकिन हकीकत यह है कि हम इसे कभी आँखों से देख नहीं पाते। हमारे हालात नहीं, हम स्वयं ही अपने चुनावों के लिए उत्तरदायी होते हैं, जबकि पहले दशक में ऐसा नहीं था।

मेरे विचारों ने नया रुख लिया और मैं स्वयं से निम्नलिखित प्रश्न पूछने लगीः क्या नेतृत्व का अर्थ है भीतरी आवाज के साथ चलना? क्या यह माता–पिता व अध्यापकों द्वारा सही बीज–वपन या स्व–वपन से संबंध रखता है?

उत्तर थे : नेता हमेशा दूसरों को देने व उनके बीज वपन की प्रवृत्ति अपनाते हैं; जैसे महात्मा गांधी जी, गौतम बुद्ध, मदर टेरेसा, स्वामी विवेकानंद, नाइटिंगेल, रेमन मैग्सेस आदि; ये वही थे, जो भीतर से थे। उन्होंने अपने अनुयायी नहीं तलाशे, दुनिया स्वयं उनके पीछे चल दी। वे हर युग के लिए जीती–जागती मिसाल हैं। वे स्वयं अपने ही माली थे लेकिन पहले दशक से ही और वे अपने पथ पर डटे रहे। वे प्रामाणिक थे।

नेतृत्व आसान है। यह सरल है। यह नित्य है। यह केवल सावधानीपूर्वक की गई बागवानी है।

नेतृत्व आसान है। यह सरल है। यह नित्य है। यह निरंतर है। यह चुनावात्मक है। यह मूल्यों पर आधारित है। यह घोषणा से जुड़ा है। यह केवल सावधानीपूर्वक की गई बागवानी है।

❑

19

वी.आई.पी. और आम आदमी

'कृपया रुकिए', 'कृपया आई–कार्ड दिखाएं', 'इसे चैक करा लें', 'कृपया यहाँ से न जाएँ', 'माफ करें', 'मैडम! आप नहीं जा सकतीं', 'इंतजार करें', 'अपने हाथ उठाएँ व घूम जाएँ', 'अपनी तलाशी दें' (कृपया लगाए बिना), 'सॉरी! रास्ते बंद हैं।' मैंने पूछा–"ये सभी रास्ते किसके लिए बंद किए गए हैं?" लेकिन इससे पहले कि मैं कोई जवाब सुनती, तभी किसी बड़े व्यक्ति का काफिला आ पहुँचा।

समारोहों की टी.वी. कवरेज को धन्यवाद, मैंने कुछ परिचित चेहरे पहचान लिए। मैंने याद किया कि यू.एस. में अपने देशों का प्रतिनिधित्व करने वाले नेताओं को 'सत्ता के केंद्र में' रिपोर्ट किया गया था, धोखाधड़ी, हिंसा, ठगी, क्लेश व झूठ को धन्यवाद! उनके लिए सभी तरह की कार्रवाइयाँ व ट्रैफिक रोका गया था। कमजोर और बूढ़े लोगों को इंतजार करना पड़ा। लोगों के काम का नुकसान हुआ। करोड़ों लोग शाम को देर से घर पहुँचे क्या वे 'केंद्र बिंदु' इस विशेष देखरेख के हकदार हैं? क्या वे जानते हैं कि लोग उनके लिए अपने रोजमर्रा के जीवन में कितने त्याग करते हैं? मैं इन्हीं प्रश्नों पर विचार करने लगी।

जब मैं दुनिया के विभिन्न हिस्सों में, युवाओं से अधिक शिक्षित बुजुर्ग देखती हूँ जहाँ हर सातवां किशोर जबरन सेनाभर्ती का शिकार होता है, जहाँ युवाओं को कुछ ही दिनों में बंदूक भरना व चलाना सिखाया जाता है और सिविल युद्ध के मोर्चों पर भेज दिया जाता है; जहाँ प्राकृतिक साधनों का दोहन होता है; जहाँ ताकत बनाए रखने के लिए सब कुछ दाँव पर लगाया जाता है, जहाँ माताओं, बहनों, स्त्री–पुरुषों को जबरन उनके घरों, गाँवों, नौकरियों, शहरों व देशों से निकाला जाता है तथा

देशनिकाले के अकेलेपन में पटक दिया जाता है नतीजन समाज में धार्मिक, जातीय, रंग व भेदभाव के नाम पर दंगे होते हैं, राजनीतिक अस्थिरता फैलती है, युद्धों में असंख्य मनुष्यों के प्राण जाते हैं, जहाँ लोगों को बारूदी सुरंगों पर चलने को मजबूर किया जाता है, जहाँ कई क्षेत्रों का बाकी दुनिया से कोई संपर्क नहीं बचता, जहाँ देश तक दिवालिया हो जाते हैं, तो मुझे तकलीफ होती है।

> ! क्यों याद नहीं रहता वी.आई.पी. व्यक्तियों को कि वे हमेशा सत्ता में रहने वाले नहीं हैं। !

इसलिए मैं सत्ता में बैठे पुरुषों व महिलाओं से कहना चाहती हूँ कि हमने उन्हें 'वैसा' बनने का हक इसलिए नहीं दिया कि वे हमारे दुख–तकलीफ बढ़ा दें। मैं उनसे साफ–साफ पूछना चाहती हूँ कि वे हकीकत में कौन थे। क्या वे जानते हैं कि हम उससे क्या उम्मीद रखते हैं? क्या वे जानते हैं कि वे (सब नहीं) हमें कैसे नीचा दिखा रहे हैं। क्या वे जानते हैं कि वे हमारी आने वाली पीढ़ियों को कितना नुकसान पहुँचा रहे हैं। उन्हें याद क्यों नहीं रहता कि वे हमेशा सत्ता में रहने वाले नहीं हैं? क्या उन्हें एहसास है कि वे अपनी जैसी विरासत ही छोड़ जाएँगे।

लेकिन तब तक, हम जैसे लोगों से सारी सड़कें जाम होंगी। ❑

20

अभी देर नहीं हुई

प्रतिदिन कुछ न कुछ नया सीखा जा सकता है। प्रत्येक मानवीय गतिविधि एक संदेश है। हर अवसर कुछ न कुछ सिखाने आता है। हमेशा कुछ न कुछ नया घटता है, जिससे ताजा सोच जन्म लेती है। रवैयों में बदलाव आता है। कुछ सीखने की इच्छा व उमंग, आगे बढ़ने के सूचक हैं। मेरे पास एक ऐसा ही अनुभव है, जो इन बातों की पुष्टि करता है।

पिछले सप्ताह, मुझे प्रमुख हिंदी दैनिक 'नवभारत टाइम्स' के संपादक का निमंत्रण मिला। मैं हैरान थी कि वहाँ क्या होगा। क्या यह एक सामान्य उपस्थिति होगी या फिर एक दौरा? क्या मुझे यह जानने का अवसर मिलेगा कि समाचारों का एकत्रीकरण, विश्लेषण व प्रस्तुतीकरण कैसे होता है? क्या यह सिर्फ फोटो खिंचवाने का अवसर होगा? क्या उनके काम के बारे में जानने का मौका मिलेगा?

नहीं, यह तो बिल्कुल अलग था। यह उनमें से कुछ भी नहीं था यह काफी गंभीर काम था। यह सीखने व योगदान देने का एक सुनहरा अवसर था। यह सचमुच एक दुर्लभ अंतर्दृष्टि थी। यह जानकारी पाने के अधिकार का अभ्यास था। एक पाठक को सोचने–समझने व सहयोग देने का अवसर दिया गया था।

जब मैं दोपहर बाद पहुँची तो परिचय के बाद मुझे शाम की संपादकीय सभा का हिस्सा बनाया गया और सभापतित्व करने को कहा। असली संपादक श्री मधुसूदन मेरे साथ बैठे। उन्होंने मुझे संक्षेप में मीटिंग का उद्देश्य बता दिया। प्रत्येक सदस्य ने अपना परिचय दिया और प्रमुख घटनाएँ बताईं, जो संपादकीय पृष्ठ पर आ सकती थीं।

मैंने उन्हें ध्यान से सुना। अब मुझे तय करना था कि प्रमुख संपादकीय क्या होना चाहिए। उन्होंने कहा कि एक संपादक होने के नाते मुझे ही इसे चुनने का हक था। मैंने अपने विचार रखे। एक ड्राफ्ट लिखा गया। मैंने एक लेखक के साथ काम किया। इसे उसी रूप में प्रस्तुत किया गया, जैसे मैं चाहती थी मैंने अपने हस्ताक्षर किए। यह नया अनुभव सचमुच बड़ा प्यारा था।

> हर अवसर कुछ न कुछ सिखाने आता है। हमेशा कुछ न कुछ नया घटता है, जिससे ताजा सोच जन्म लेती है।

अब सभी समाचारों के लिए मीटिंग हुई, जिसमें सभी समाचार इकट्ठे करने वाले मौजूद थे। उन्होंने बारी–बारी से खबरें बताईं। हमने खास खबरें चुन लीं। मैंने फ्रंट पेज के लिए लीड, सैकेंड स्टोरी और फोटो भी चुना। मैंने पूछा कि क्या हम कोई 'पेज ऑफ होप' बना सकते हैं। ऐसी खबरों में पाठक प्रेरणा व आशा पाना चाहता है। उसी के हिसाब से खबरें चुनी गईं और एक पेज बनाया गया। इसका शीर्षक था 'आशा की किरण'। एक पाठक के तौर पर मैं ऐसा कब से चाह रही थी। आज ऐसा करने का मौका मिला था। मैं उस शाम की वास्तविक संपादक थी। इसके बाद वापसी का समय आया। मैंने 'टीम नवभारत' के साथ सादा शाकाहारी डिनर लिया।

अगले दिन ऑफिस पहुँचकर मैंने इस सबक को अपनाने का फैसला किया। मैंने अपने ऑफिस में कहा कि होमगार्ड व सिविल डिफेंस प्रमुख तथा जिलों का प्रतिनिधित्व करने वाले चीफ वार्डन को दोपहर की मीटिंग में बुलाया जाए। दिल्ली को आधिकारिक रूप से नौ जिलों में बाँटा गया है। इसका मतलब है कि प्रत्येक प्रतिनिधि को, एक माह में दो बार तो बुलाया ही जा सकता था। इस मीटिंग में प्राथमिकताएँ तय की जातीं तथा पहले किए गए निर्णयों के हिसाब से कार्यवाही की प्रगति की जांच होती। जिसमें नियोजन, प्रशिक्षण, बजट, आने वाले कार्यक्रम आदि शामिल होते।

क्षेत्र प्रतिनिधियों की उपस्थिति से वृद्धि और विकास में काफी सुधार हुआ। उन्होंने अपने निरीक्षणों से अमूल्य योगदान दिया। हमारी मीटिंग पहले से कहीं ज्यादा उत्पादक और प्रगतिशील हो गई।

इस विधि ने हमें प्रतिदिन वास्तविक रूप से जोड़ दिया था। सही मायनों में दोतरफा संप्रेषण संभव हो पाया था और मैंने इसे 'नवभारत टाइम्स' की टीम से सीखा था।

मुझे लगा कि इस अमूल्य अभ्यास में सांझेदारों को भी शामिल किया जा सकता है। यदि हम प्रशासन में भी इसे नियमित अभ्यास के रूप में अपना लें तो? खासतौर पर जब राज्य सुरक्षा से समझौते का कोई विषय ही न हो। इस तरह कई विविध रूपों में परस्पर शिक्षण जारी रहेगा। यह प्रशासन में सबसे आगे रहने का एक सही तरीका नहीं होगा।

हम भरोसा जीतने के कई तरीके अपना पाएँगे। विभागों की छवि में निखार आएगा। यह चुनाव प्रबंधन व नेतृत्व पदों पर निर्भर करता है।

...और उन पर जो वास्तविक पारदर्शिता और 'अभी देर नहीं हुई' की धारणा में विश्वास रखते हैं।

❑

21

उस उड़ान में...

कुछ दिन पहले मैं एक उड़ान में थी। वहाँ मेरे सामने दो मुद्दे आए, जो काफी गहरे अर्थ रखते थे।

नाश्ता परोसने के बाद एयरलाइन स्टाफ की एक युवती मेरे पास आई व कहा कि वह मुझसे किसी विषय पर चर्चा करना चाहती है। मैंने कहा कि इसमें पूछने वाली क्या बात है। उसने कहा कि वह सुरक्षा से जुड़ा मुद्दा था।

हमारी बातचीत कुछ इस तरह हुईः

उसने कहा "श्रीमती बेदी! यह बात वहाँ की है, जहाँ मैं रहती हूँ।"

"क्या बात है?" मैंने पूछा।

उसने कहा "मैं गोपाल विहार (बदला हुआ नाम) में रहती हूँ। हमारे पड़ोस में कई ऐसे नौजवान हैं जो गरीब हैं, बेरोजगार हैं या स्कूल नहीं जाते। इस तरह हमारी कालोनी आर्थिक तौर पर पिछड़ी हुई व गरीब हैं। मैं वहाँ काफी असुरक्षित महसूस करती हूँ क्योंकि इस तरह के उपेक्षित युवक, सुरक्षा के लिए खतरा भी बन सकते हैं और मैं अकेली रहती हूँ इसलिए मुझे क्या करना चाहिए?"

मैंने कहा "यह इस बात पर निर्भर करता है कि आप कहाँ तक जा सकते हैं या आप उस जगह से कितना जुड़ांव महसूस करती हैं? अगर आप वहाँ स्थायी तौर पर रहना चाहती हैं तो मैं उसके हिसाब से ही उत्तर दूँगी।"

उसने कहा "यह मेरा अपना घर है और मैं यहीं रहना चाहूँगी।"

मैंने उससे पूछा, "क्या तुम्हारे यहाँ रेजीडेंट वेलफेयर एसोसिएशन है?"

उसने कहा "हाँ, एक थी लेकिन न होने के बराबर।"

मैंने पूछा, "क्या पुलिस होती है? क्या तुमने आसपास पुलिस को देखा है?"

उसने कहा "कभी नहीं, कभी–कभार हंगामा या दंगा होने पर ही होती है।"

मैनें पूछा, "कोई एन.जी.ओ.?"

"मुझे इस बारे में ज्यादा पता भी नहीं है।"

"ठीक है, तब तो तुम्हें स्वयं ही अपनी मदद करनी होगी। क्या तुम तैयार हो?" मैंने खोजबीन करते हुए पूछा।

उसने पूछा "किस तरह?"

मैंने कहा प्रेजीडेंट वेलफेयर एसोसिएशन को फिर से जीवित करना होगा। छोटे स्तर से शुरु करें जैसे कोई कार्यक्रम या रणनीति कुछ ऐसी ट्रेनिंग काउंसलिंग, खेल व रचनात्मक गतिविधियाँ व शिक्षाप्रद कार्यक्रम जिनसे युवावर्ग को प्रोत्साहन मिले। वहाँ काम करने वाले किसी एन.जी.ओ. को तलाशें, जो वहाँ पहले से काम कर रहा हो, वह आपकी मदद कर सकता है। इस तरह आप उनकी नजरों में अपनी इज्जत बढ़ा सकती हैं जिससे सुरक्षा के लिए होने वाला खतरा भी घट जाएगा। इसी प्रक्रिया में आप व आपके साथी समाज को वह सब कुछ दे पाएँगे, जो आपने उनसे लिया, इससे सामुदायिक सेवा की भावना विकसित होगी। इसका एक फायदा यह भी होगा कि पुलिस किसी घटना के फलस्वरूप वहाँ आने की बजाए सुरक्षा के लिहाज से आएगी। उन्हें भी ऐसे मौकों पर बुलवाएँ। इस तरह बदतर हालात भी धीरे–धीरे सुलझने लगेंगे और आप सेवा की वचनबद्धता के साथ जुड़ी रहेंगी।"

उसने सोचा था कि मेरे पास कोई झटपट तरीका होगा लेकिन ऐसा नहीं था। कुछ पाने के लिए कुछ देना भी पड़ता है।

मैंने जहाज में एक खबर पढ़ी, उसने मुझे सोचने पर मजबूर कर दिया। किसी मंत्री ने घोषणा की थी कि वह एक बॉक्स शुरु करने जा रहा है– "आप अपने मंत्री से बात कर सकते हैं" दूसरे शब्दों में यह एक फीडबैक बॉक्स होगा जिससे उनका इस्तेमाल करने वाले व उक्त मंत्री के बीच सहज संप्रेषण हो जाएगा।

बहुत ही बढ़िया विचार। इसे तो पूरे सिस्टम में अपनाया जाना चाहिए। मैंने सोचा कि न से देर भली। मैं भी तिहाड़ जेल में कैदियों के सुधार व बेहतर पुलिस प्रशिक्षण के लिए इसका इस्तेमाल कर चुकी हूँ। मैं जानती थी कि किन मुद्दों पर पूरा ध्यान देना है व अनदेखा नहीं करना है।

इनमें फील्ड विजिट, विभागों का अंतःसंप्रेषण, फीडवर्क पाने के साधन, निर्णय निर्धारण, सुझावों पर कार्यवाही व सुधार के लिए कुछ सीखने की तत्परता आदि शामिल थे।

कोई अच्छा सुझाव शुरु करना खास नहीं होता आपको इसे लोगों की भलाई के लिए बनाए रखना है व संस्थागत रूप से कार्यरत रखना है।

कोई अच्छा सुझाव शुरू करना खास नहीं होता आपको इसे लोगों की भलाई के लिए बनाए रखना है व संस्थागत रूप से कार्यरत रखना है।

22

चार्ज लेने का समय

इस देश के नागरिकों के लिए सूचना का अधिकार पाने की खबर बहुत अच्छी है। यह हम सबका कर्त्तव्य बनता है कि कानून को पढ़ें, समझें, इस जानकारी को दोस्तों से बाँटें; संगठनों, शैक्षिक संस्थानों, समूहों या दफ्तरों में यह जानकारी बाँटें। यह बहुत आवश्यक है।

प्रत्येक प्रशिक्षण में राईट टू इंफारमेशन एक्ट के बारे में जानकारी होनी चाहिए वरना कर्मचारियों को गलतियाँ करने से रोका नहीं जा सकेगा। इससे निरीक्षण व नेतृत्व क्षमताओं पर भी बुरा असर पड़ेगा।

उत्तरदायित्व के पद पर बैठे व्यक्ति को पता होना चाहिए कि इस कानून के अनुसार नागरिकों को (अ) काम, दस्तावेज रिकॉर्ड (ब) नोट्स व दस्तावेजों की प्रमाणित कॉपियाँ लेने (स) सामग्री के प्रमाणित नमूने लेने (द) प्रिंट आउट, फ्लॉपी, टेप, वीडियो कैसेट या किसी अन्य इलैक्ट्रॉनिक माध्यम से सूचना पाने का अधिकार है।

सूचना का अर्थ है किसी भी रूप में 'सामग्री', जैसे–रिकॉर्ड, मैमो, ई–मेल, राय, सलाह, प्रेस रिलीज, सर्कुलर, ऑर्डर, लॉग बुक, अनुबंध, रिपोर्ट, नमूने, मॉडल, डाटा सामग्री आदि।

ऐसी कोई भी सूचना जो देश की सुरक्षा या अखंडता को नुकसान नहीं पहुँचाती, ऐसी सूचना जो किसी पूछताछ आदि की राह में बाधा नहीं बनती तो वह दी जानी चाहिए या तीस दिन के भीतर इंकार कर दिया जाना चाहिए। यदि यह किसी के जीवन या आजादी से जुड़ी हो तो 48 घंटे के भीतर सूचना दी जानी चाहिए। एक्ट के अनुसार विलंब के हर दिन के हिसाब से सजा बढ़ती जाएगी।

मैं नागरिकों को पुलिसिंग के उदाहरण स्वरूप कुछ प्रश्न बताना चाहूँगी, जिनके उत्तर वे माँग सकते हैं:

> हमें नई जिम्मेवारी को पूरी ईमानदारी से; दुश्मनों की तरह नहीं, सांसेदारों की तरह निभाना है।

उनके क्षेत्र के लिए कितने पुलिस वाले रखे गए हैं? उनके पड़ोस की सुरक्षा योजना क्या है? क्या उस क्षेत्र के सीनियर सिटीजन के लिए कोई योजना है? यदि हाँ, तो विस्तार से बताएँ? शोर प्रदूषण (यदि रिपोर्ट की गई हो) का कब तक शांत होगा। इसमें देरी क्यों हुई? आदि।

यदि जनता सिविल अधिकारियों, या ऐसी ही सेवाओं वाली किसी सरकारी एजेंसी से नाखुश हो और सुधार चाहती हो तो ऐसे ही कुछ प्रश्न पूछ सकती है।

अब आम नागरिक ऐसी सूचनाएँ भी पा सकते हैं, जिन्हें पहले वे कभी नहीं पा सकते थे इसलिए यदि वे अपने अधिकार नहीं पहचानेंगे तो सूचना कैसे माँगेंगे? जागरुकता फैलाना बहुत जरूरी है। नागरिक जितना जागरुक होगा, अधिकारी उतने ही उत्तरदायी व सावधान होंगे।

यह नया विकास, देश के गंभीर नागरिकों के सोलह वर्षों के अथक प्रयासों का फल है। इसके आरंभिक प्रयास 1989 में शुरु किए गए थे इसका पहला ड्राफ्ट 1995 में लिया गया। उसके बाद प्रक्रिया में तेजी आ गई। इसमें समाज के सभी वर्गों, धनी–निर्धन, शहरी–ग्रामीण, स्त्री–पुरुष, शिक्षित–अशिक्षित शामिल हुए। प्रिंट मीडिया ने बड़े धैर्य और निरंतरता के साथ अपना रोल निभाया।

सूचना का अधिकार आंदोलन की प्रक्रिया में देश मे कई मैग्सेसे अवार्ड आए। संदीप पांडे व अरुणा राय को तो पहले ही यह पुरस्कार मिल चुका था। अन्ना हजारे भी इसी सूची में थे, जिन्होंने इसी आंदोलन में 'नोटिंग ऑन फाइल' आमरण अनशन व्रत भी रखा। हाल ही में अरविंद केजरीवाल को भी यह पुरस्कार दिया गया।

'फाइल नोटिंग' में किसी मुद्दे से जुड़े सभी फैसले और तथ्य लिखे जाते हैं। इससे साफ पता चलता है कि यह किसने लिखा? किस तारीख को लिखा? किस प्रसंग में लिखा? व्यक्ति हो या रिटायर हो जाए, लेकिन सालों तक फाइल नोटिंग्स सारी कहानी कहते रहेंगे। कागज की इन शीटों की आयु लंबी होती है।

कई बार सीनियर्स के साथ भी छल होता है। वे लोग (फाइलों पर काम करने वाले) फाइलें अलग कर देते हैं, गलत नियम लिख देते हैं, सही संदर्भों के साथ नोट्स

नहीं बनाते, मौलिक नियम, पहला फैसला, नीति या संदर्भ शामिल नहीं करते, सूचना दबा देते हैं ताकि सीनियर उन्हीं गलत आंकड़ों के आधार पर फैसला ले लें।

ऐसा कोई भी तरीका संभव होता है और किया भी जाता है कई सीनियर ऐसे नोट्स पर भरोसा कर लेते हैं। उन्हें बड़ी सावधानी से कागज पर लिखी पंक्तियों पर गौर करना चाहिए।

विकास प्रक्रिया में फाइल नोटिंग के अलावा मामले की गति पर भी ध्यान देना चांहिए। कोई व्यक्ति फाइल की पहल में कितना समय लगाता है? कौन इस पर कितनी देर तक काम करता है? ये सभी नोटिंग्स, सावधान नागरिकों, अच्छे सुपरवाइजरों और प्रभावी प्रबंधकों के लिए अमूल्य होती हैं। यदि ये जनता तक पहुँचती हैं तो यह उनके लिए एक चुनौती बन सकती हैं, जिन्होंने इसे बनाया है। तब वे इनके साथ मनमानी छेड़खानी नहीं कर पाएँगे। उनका छल–कपट सामने आ जाएगा।

किसने नियम तोड़े? किसने सही तरीके से काम किया या किसने सिर्फ खानापूरी की? किसने न्याय किया या किसने न्याय नहीं किया?

अब बेचारगी के दिन लद गए। अब हमारे पास नियमों पर आधारित जवाबदेह शासन है। यह परस्पर परिपक्वता पर निर्भर करता है। इन दोनों को ही नई जिम्मेवारी को पूरी ईमानदारी से; दुश्मनों की तरह नहीं, साझेदारों की तरह निभाना होगा।

यह दोनों के लिए चार्ज लेने का समय है...

❑

23

जनता का अधिकार

हाल ही में, एक टी.वी. कार्यक्रम में प्रश्न पूछा गया, "क्या न्यायपालिका ही देश की आखिरी उम्मीद हैं" उत्तर मिला "हाँ"।

हमने कुछ ही दिनों में न्यायपालिका द्वारा दिए गए फैसलों व सजाओं के बारे में सुना। वे सब ताकतवर लोगों से जुड़े थे। कुछ माह पहले ही महाराष्ट्र के एक मंत्री व नौकरशाह के बारे में भी सुना था, जिन्हें कोर्ट का आदेश पूरा न करने की स्थिति में त्यागपत्र देने पड़े व सज़ा भुगतनी पड़ी। इससे अधिकारियों को एक स्पष्ट संदेश मिलता है, शायद पहली बार उन्हें समझ आएगा कि न्यायपालिका के विदेशों को अनदेखा नहीं किया जा सकता।

पिछले दिनों हमने संजय दत्त, शिबू सोरेन व नवजोत सिंह सिद्धू की सज़ा के बारे में भी सुना। अदालत ने कहा कि चुने गए प्रतिनिधि, भ्रष्टाचार में लिप्त पाए गए तो उन पर मुकद्मा चलाने के लिए पहले से मंजूरी लेना आवश्यक नहीं होगा। आदरणीय अदालत ने कहा, रिश्वत लेना उनकी आधिकारिक ड्यूटी का अंग नहीं हैं।

इससे उन अधिकारियों को बड़ा फर्क पड़ा, जिनके मामले मंजूरी की वजह से लटके पड़े थे। यह सब लिखना कोई मज़ाक नहीं है। यह दुखदायी है, खासतौर पर जब उन सबसे संबंध रखता है, जो कानून के साथ चलने की शपथ खाने के बावजूद उससे विपरीत चलते हैं।

दरअसल, हमने ही ऐसे लोगों को सामाजिक स्वीकृति दी है। उन्होंने जगह–जगह अपने पाँव पसारे हैं कि उनसे बैर मोल लेना मुश्किल हो गया है। हम एक समाज के रूप में उनसे भयभीत हैं, उन्हें सहन करते हैं व उनके साथ चलने को विवश हैं।

हम लगातार इसकी गहरी कीमत चुका रहे हैं। एक टी.वी. कार्यक्रम के सर्वे से पता चला कि बहुत से लोग तंत्र में अपना भरोसा खोने के बाद, हर काम की कीमत चुका रहे हैं।

यदि आप किसी काम के लिए कुछ अतिरिक्त नहीं दे सकते, तो इंतज़ार करते रहिए। अधीनस्थों को भी सही पहल के लिए मंजूरी लेनी पड़ती है। साहसी को तरह–तरह की धमकियां मिलती हैं। आज अधिकारियों को वरिष्ठ व उच्च मध्यम वर्गीय पीढ़ियां, इसी संस्कृति की उपज हैं, जो असुरक्षा, असमानता, भय व डर से उपजी हैं। किसी वी.आई.पी. या उसके दोस्त का चालान काटने के बाद सजा या तबादले से किया जा सकता है? क्या कोई अधिकारी किसी जुर्म में वी.आई.पी. से अकेले पूछताछ कर सकता है? तो फिर कानून कहां हैं?

जेलों में तीन लाख से अधिक ऐसे लोग हैं, जो गरीबी रेखा से नीचे हैं। हकीकत में भारत की जेलें अपराध नियंत्रण की बजाय, इन पुरुषों व महिलाओं का पेट भर रही हैं और बच्चों को माता–पिता से दूर कर रही हैं।

शुक्र है! जनता जाग रही है और बहुत से लंबित मुद्दे उठाए जा रहे हैं। कई जगह तो राहत की साँस ली जा सकती है।

अब सवाल यह उठता है कि कहीं इस जागृति को दबा तो नहीं दिया जाएगा? मेरी प्रार्थना तो यही हैं कि यदि हम समानता चाहते हुए भरोसा बनाए रखना चाहते हैं तो हमें निम्नलिखित बातों पर ध्यान देना होगाः–

(क) सहायक व उच्च अदालतों में जजों के खाली पदों की नियुक्तियां, जो कि 22 प्रतिशत के करीब हैं। रिकॉर्ड बताते हैं कि सहायक अदालतें, साल में 88 प्रतिशत मुकद्में निपटाने की योग्यता रखती हैं जबकि वर्तमान में उनके यहां 21.92 प्रतिशत पद रिक्त हैं। यदि 12 प्रतिशत तक भी रिक्त स्थान भर दिए जाएं तो वे एक साल में फाइल किए गए 100 प्रतिशत मुकद्में निपटा सकती हैं। यदि इस दर को शून्य पर लाया जाए तो लंबित मामलों का निपटारा तो होगा ही, साथ ही समाज को भी काफी लाभ होगा।

(ख) अन्य महत्वपूर्ण कदमः– लंबित मामले घटाने के लिए कानूनी प्रक्रिया में सुधार – एक्टिव केस कला मैनेज़मेंट तकनीक अपनाई जा सकती है जिसके तहत दोहरे तरीके से काम हो, नए मुकद्मों के साथ–साथ लंबित मुकद्मों पर भी ध्यान दिया जाए। यह मॉडल सभी अदालतों में लागू हो।

(ग) न्यायपालिका विभाग में हर स्तर पर कंप्यूटरीकरण हो, लंबित मामलों की तिथि व वर्ष का प्रदर्शन, नेट पर उपलब्ध हो।

(घ) पब्लिक प्रासीक्यूटर्स की संख्या में वृद्धि।

(ङ) मध्यप्रदेश के ग्राम–न्यायालय एवं जैसे विकल्प अपनाए जाएं।

(च) शक्ति का हस्तांतरण या फास्ट ट्रैक कोर्ट हों ताकि मैजिस्ट्रेट केस ट्रायल कर सकें।

(छ) रिमांड कैदियों के लिए वीडियों कांफ्रेंसिंग सुविधाएं।

(ज) वैकल्पिक विवाद समाधान

(झ) परज्यूरी लॉ में संशोधन!

> न्यायपालिका ! रिक्त पदों के विषय में समाचार पत्रों में दे। लोगों को लंबित मामलों का भी पता चले। लोगों के नजरिए जानने के लिए शोध ! अध्ययन हो।

न्यायपालिका रिक्त पदों के विषय में समाचार पत्रों में दें, लोगों को लंबित मामलों का भी पता चले तथा लोगों के नजरिए जानने के लिए भी शोध अध्ययन हो तथा उसमें नतीजे प्रकाशित किए जाएं। सच्ची पारदर्शिता का चलन आरंभ हो।........

इस तरह जनता को सब जानने का हक तो मिलेगा ही, साथ ही अपराधी कोई महत्त्वपूर्ण पद पर जाने से पहले सजा पा सकेंगे।

❑

24

कृपया बताएं...

जब भी मुझे कोई नई कार्य परियोजना मिलती है तो मुझे एक ऐसी कार्य परिस्थिति का अनुभव होता है, जिसे कई मायनों में संपूर्ण बनाने की आवश्यकता होती है। कार्य संस्कृति, कार्य प्रक्रिया, काम करने के तरीके, दायित्वों को निभाने की क्षमता जैसे कितने ही पहलू... ऐसा लगता है कि हर बार नए सिरे से सब शुरु करना हो।

इन सभी पिछले अनुभवों में मैंने लोगों की नकारात्मक मानसिकता को सामान्य रूप से महसूस किया है। सही मानसिकता ही तो बदलाव लाती है। किसी भी जगह बेहतरी के लिए बदलाव लाना हो, तो वहाँ नए लोगों की नहीं बल्कि पुराने लोगों को सुधारकर, उन्हीं से काम लेना होता है। प्रत्येक व्यक्ति व प्रक्रिया से वृद्धि व सुधार का गहरा नाता होता है।

मेरी पिछली नियुक्ति डायरेक्टर जनरल होमगार्ड व सिविल डिफेंस के तौर पर हुई, मुझे वहाँ उपचार के लिए भेजा गया था क्योंकि होमगार्ड से जुड़ी कई शिकायतें मिली थीं, वे अपना कार्यकाल पूरा होने के बावजूद विभाग में टिके थे, रिश्वत लेते थे और दूसरों का शोषण करते थे। मेरी फील्ड विजिट व फीडबैक के दौरान यह हकीकत सामने आई। इस प्रकार संगठन की बदनामी करने वाले लोगों से छुटकारा मिला। इससे स्पष्ट संदेश मिला कि यह विभाग अनदेखा तो हो सकता है लेकिन बिल्कुल बेकार नहीं है। इसके लिए हमें अदालत या सूचना अधिकार के नोटिसों की भी जरूरत नहीं थी। वही लोग जो गलत रास्तों पर थे, उन्हें ही सुधारा गया। इस तरह निष्क्रिय विभाग में बदलाव की प्रक्रिया की पहल हो गई, उन्हीं लोगों ने इसे सच कर दिखाया।

बस प्रक्रियाएँ सुधरी हुई थीं। सिर्फ एक सीनियर को घर जाने को कहना पड़ा क्योंकि वह लगातार हमारी कोशिशें नाकाम कर रहे थे।

> सरकारी सेवा में आने के बाद लोग अपने-आप ही कर्तव्य क्यों नहीं निभाते।

यह तो एक उदाहरण है। एक और उदाहरण देना चाहूँगी। यह सिविल डिफेंस से संबंधित है। इस संगठन में भी ऐसी ही परेशानियाँ थीं। हजारों लोग ऐसे थे, जो सेवा की इच्छा न रखने के बावजूद सालों से नामांकित थे, उन्होंने कभी संप्रेषण तक नहीं किया जिनसे संपर्क हुआ, उन्होंने स्पष्ट शब्दों में कहा कि उनके पास समय नहीं। उन्होंने अब तक अपने पहचान–पत्र भी नहीं लौटाए थे। वे बिना किसी मेहनत के फायदा उठाना चाहते थे। कई लोग तो साठ साल की आयु सीमा भी लांघ चुके थे, इसके बावजूद सामुदायिक संगठन से जुड़े हुए थे। ऐसे लोगों को रिटायर करने के लिए हमें कुछ कड़े कदम उठाने पड़े। इनमें से कुछ के लिए तो काफी दबाव भी था। हमने एक ही आदेश से सबको रिटायर कर दिया। जो संगठन पहले पैंतीस हजार सदस्य (अनुपस्थित, अवैध) भी शामिल होने का दावा करता है, उसमें 19,000 सदस्य रह गए, जिनकी अभी और छंटाई करनी थी। यह सारा काम उन लोगों की मदद से किया गया, जो अब तक लापरवाही और ढीलेपन से चलते आ रहे थे।

हकीकत तो यह है कि जहाँ संगठन की कार्य संस्कृति लक्ष्यों से मेल नहीं खाती, वहाँ सुधार के लिए काफी ऊर्जा व अनुभव की आवश्यकता होती है (अगर उन्हें लगे कि बदलाव लाना चाहिए और बिना किसी देर के लाना चाहिए)।

इस पर समय व ऊर्जा का व्यय होना तो स्वाभाविक ही है। सीनियर को अपने पद से नीचे झुक कर सहयोग देना होगा, शिक्षित करना होगा व जानकारी देनी होगी ताकि उचित सलाह मिल सके। तंत्र में बदलाव की इस प्रक्रिया के लिए कोई प्रशिक्षण नहीं मिलता अतः बदलाव लाने के इच्छुक को अपने बलबूते पर यह कदम उठाना पड़ता है। जूनियर या सहकर्मी आपको सिर्फ उतना ही बताएँगे, जो बहुत जरूरी होगा। सुपरवाइजर या लीडर ही चुनाव हो सकता है।

लेकिन कोई हर जगह जाकर बदलाव की यह प्रक्रिया क्यों अपनाए। कह सकते हैं "हर किसी की नेतृत्व शैली अलग होती है। हर किसी का अपना मूल्य तंत्र होता है। हर किसी की निजी अनुभवों के आधार पर धारणा होती है। इसी तरह विभिन्न पहलू व प्रतिक्रियाएँ होती है।"

लेकिन इन सबमें एक ही बात सामान्य होती है, चाहे वह यहाँ हो या विदेश में...। 'यह नहीं हो सकता', यह संभव नहीं है, 'यह मुश्किल है', 'यह मेरा काम

नहीं है' या 'हम सिर्फ कोशिश कर सकते हैं' या 'हमारे पास पर्याप्त साधन नहीं हैं', 'उन्हें पहल करने दो' या 'मैडम! कुछ भी कर लो, कोई फर्क नहीं पड़ने वाला', 'इस बात की क्या गारंटी है कि यह बदलाव यूँ ही चलता रहेगा'; जैसी बातों के बावजूद बदलाव लाने का आग्रह होना चाहिए।

हकीकत यह है कि हम दोनों तरह के लोगों के साथ मिलकर प्रशासन चलाते हैं। एक वे जो बदलाव लाते हैं, दूसरे वे जो इसे रोकते हैं। बदलाव लाने वाले विभाग की संपत्ति तथा रोकने वाले भार बन जाते हैं। तेजी से बदलाव लाना हो तो कुछ चुनिंदा लोगों को घर भेजना होगा। मेरा विश्वास है कि बदलाव लाने के लिए ऐसी ही मानसिकता वाले व्यक्ति चाहिए। सरकारी सेवा में आने के बाद लोग अपने–आप ही कर्त्तव्य क्यों नहीं निभाते? अध्यापकों, शिक्षण संस्थाओं व माता–पिता; कृपया आप बताएँ!

❑

25

तीन कक्षाएं

इस प्रश्न पर लगातार पूछा जाता रहा है कि अमीर व शक्ति संपन्न व्यक्तियों का अपराधिक बर्ताव, वर्तमान परिवेश की देन हैं। मैं कहना चाहूंगी कि ये व्यक्ति हमारी उस सामाजिक संस्कृति की ही उपज है, जो छल व कपट से भरी है।

हमारे समाज को मोटे रूप से तीन कक्षाओं या हिस्सों में बाँटा जा सकता है। पहली 'इनर कोट' या भीतरी कक्षा है, जो निम्नलिखित के लिए आरक्षित है।

(क) धनी
(ख) संरक्षण प्राप्त व्यक्ति
(ग) मद्य तथा नारी व्यसनी
(घ) रहस्य
(ङ) ब्लैकमेलिंग की धमकियाँ देने वाले
(च) धन की थैलियां
(छ) रक्त संबंध तथा असुरक्षा की भावना।

ऐसे लोग झुण्ड बना कर चलते हैं। इसमें से एक भी खूबी हो, तो वे इस कक्षा के योग्य हो जाते हैं।

दूसरी कक्षा 'आउटर कोट' कहलाती है, जिसमें दंभी, उपहार लेने–देने वाले, चापलूस, बार–बार फोन करने वाले, खबरी, समझौता कराने वाले, डिनर की दावतें देने वाले, जाति, समुदाय व वर्ग आदि के नाम पर दोस्ती करने वाले लोग शामिल होते हैं।

तीसरी कक्षा 'आउटर कवर' में अपने साधनों से जीने वाले, नियमित, आत्म सम्मांनी, व्यावसायिक रूप से सक्षम, समझौते न करने वाले, संतुष्ट, आध्यात्मिक, ऊंची महत्वकांक्षा न रखने वाले, परिवार केन्द्रित, पढ़ने के शौकीन, थोड़े से निंदक, थोड़े मित्रों वाले, समय पर घर आने वाले, अपनी हदों में रहने वाले, उपहार व पक्ष न लेने–देने वाले लोग शामिल होते हैं। वे गलत तरीके से मदद नहीं करते और न ही मांगते हैं। इन्हें पहली व दूसरी कक्षा के पदों में प्रवेश नहीं मिलता।

तर्जुबों से पता चला है कि अगर किसी के जीवन में कोई बड़ी दुर्घटना हो या सुधरात्मक अनुभव हो जाए तो अपनी कक्षा से दूसरी कक्षा में जा सकता है।

लोगों की भूत, वर्तमान व भविष्य से जुड़ी ज्यादातर घटनाएं, आमतौर पर पहली व दूसरी कक्षा के लोगों से संबंध रखती हैं।

यदि हम सामूहिक रूप से बदलाव लाना चाहते हैं तो योग्य–अयोग्य में अंतर करने वाली सार्वजनिक सोच में थोड़ा बदलाव जाना होगा। भ्रष्ट व अनैतिक चरित्र के व्यक्तियों को सार्वजनिक रूप से पुरस्कृत करना व सम्मान देना बंद करना होगा।

सरकारी सेवाओं की चयन नीतियों को भी क्रियान्वयन से पहले काफी हद तक सुधरना होगा। सिस्टम में समय–समय पर रिव्यू करने से ही यह सुधार हो सकते हैं।

हमें अपने–आप को नए सिरे से शिक्षित करना होगा तथा कानून को पूरा मान देते हुए समान स्तर पर लाना होगा। कानून कभी भी अपने–आप लोगों या दलों में भेद नहीं करता किंतु उसकी प्रक्रियाएं अपनाने वाले इसे विभाजन का कारण बनते हैं। हमने एक व्यक्ति के लिए कुछ और तथा दूसरे व्यक्ति के लिए कुछ और कायदे–कानून बना रखें हैं। सामने वाले ही ताकत, वृद्धि, साधन, पद, स्तर, सामाजिक अपेक्षा आदि के बल पर हमारी व्याख्याएं बदल जाती हैं। हमारे सिस्टम में ऐसे कितने ही उदाहरण देखे जा सकते हैं। छोटे जेबकतरे, जेल में सालों बिताते हैं और देश को करोड़ों का चूना लगाने वाले खुलेआम घूमते हैं, उनकी संख्या कहीं ज्यादा हैं पर हमारे पास उनके लिए बेलें नहीं हैं।

आज हमें कुछ ऐसे व्यक्ति चाहिए, जो यह बदलाव जाने का चमत्कार कर सकें और वे तीसरी कक्षा में ही हो सकते हैं।

यदि ऐसा नहीं होता तो पहली व दूसरी कक्षा वाले राज करते रहेंगे और तंत्र को अपने हाथों का खिलौना बना कर नचाते रहेंगे। संवेदनशील पदों पर बैठे तीसरी कक्षा के व्यक्ति अपनी नौकरी जाने का खतरा मोल ले कर भी देश सेवा करते रहेंगे। मीडिया के पास भी काम की कमी नहीं रहेगी और वही प्रश्न बार–बार दोहराएं जाते रहेंगे।

! आज हमें कुछ ऐसे व्यक्ति चाहिए जो समाज में बदलाव ला सके। !

26

360 डिग्री

360 डिग्री का अर्थ यहां तापमान या भूगोल से संबंधित नहीं है, बल्कि इससे मेरा इशारा प्रबंधन की संकल्पना से है, जिसका अनुभव मैंने अपनी विदेश यात्रा के दौरान किया। यहां विभिन्न इकाइयों व डिवीजनों से पधारे लगभग 25 उच्च प्रबंधकों के समूह में से मैं एक थी, क्योंकि यह एक अंतर्राष्ट्रीय सभा थी, इसलिए इसमें विभिन्न राष्ट्रों के प्रतिनिधि सम्मिलित थे। उदाहरण के तौर पर, सभा में मेरे साथ टेबल के चारों ओर एक रूसी, एक डच, एक नाइजीरियन और एक ब्रिटिश प्रतिनिधि बैठा था। वे सभी काफी अनुभवी और उच्च पदों पर आसीन अधिकारी थे। इस सभा में सबसे दिलचस्प बात यह थी कि इसमें समकक्ष अधिकारी, तत्काल अपर तथा काफी वरिष्ठ अधिकारी सभी एक साथ मौजूद थे।

क्या आप अनुमान लगा सकते हैं कि यह सभा किसलिए थी? यह 360 डिग्री का मूल्यांकन करने के लिए थी। आमतौर पर किसी संगठन में काम का मूल्यांकन खास या उच्चतम अधिकारी द्वारा किया जाता है। कार्यालय में एक व्यक्ति के काम का सच्चा प्रभाव इस बात पर निर्भर करता है कि उसका अपने वरिष्ठ अधिकारियों, को छोड़कर अपने सहकर्मियों, अपर अधिकारियों या कर्मियों से कैसा व्यवहार है।

संभवतः बॉस हमेशा किसी अधिकारी या कर्मचारी का सही मूल्यांकन करने में सक्षम नहीं होता, चाहे वह महिला हो या पुरूष। काम या प्रदर्शन के मूल्यांकन हेतु परंपरागत प्रणाली से इस खाली जगह को भरने के लिए 360 डिग्री तरीके का इस्तेमाल किया जाता है। इस तरीके के द्वारा एक व्यक्ति अपने वरिष्ठ व कनिष्ठ अधिकारियों, सहकर्मियों और यहां तक कि उन ग्राहकों के द्वारा भी मूल्यांकित किया जाता है जिनके साथ वह संपर्क में रहता है। आयोजकों ने विशेष विभागों

की कार्यप्रणली का सर्वेक्षण करने के लिए जेनेवा आधारित प्रशिक्षण परामर्शदाता को नियुक्त किया। इस सर्वेक्षण में मूल्यांकन के लिए 50 प्रश्नों को निर्धारित किया गया।

1. मेरा काम चुनौतीपूर्ण है।
2. मैं उन परिणामों को जानती हूं, जिन्हें मैं पाना चाहती हूं।
3. मुझे विश्वास है कि मेरा काम निश्चित ही मुझे भीड़ से अलग करता है।
4. जो कुछ घट रहा है उसके विषय में मुझे अच्छी तरह बताया गया है।
5. जो निर्णय मुझे प्रभावित करते हैं उन पर मैं मशविरा कर चुकी हूं।
6. मुझे यह बताने का मौका दिया गया है कि सभाओं में मैं क्या सोचती हूं।
7. मुझे अपने निर्णय को लागू करने और अपने उत्तराधिकार क्षेत्र में कार्यवाही करने का अधिकार प्राप्त है।
8. मेरे प्रदर्शन को लेकर मेरे सुपरवाइजर लगातार मुझसे बात करते हैं।
9. अपेक्षित परिणाम प्राप्त करने को लेकर मैं जवाबदेह भी हूं।
10. जो कुछ मैं बेहतर कर चुकी हूं उसके लिए मुझे अपने सुपरवाइजरों से एक पहचान भी मिली है।
11. मुझे सीखने व अपने को और बेहतर बनाने के अवसर भी दिये जाते हैं।
12. आवश्यक सुधार और परिर्वतन लाने के लिए मैं निरंतर क्रियाशील रहती हूं।
13. मैं अपने सहकर्मियों को उनसे संबंधित सभी मामलों में हर तरह की सूचनाएं देती हूं और मेरे सहकर्मी मेरे से संबंधित सभी मामलों में मुझे सूचित करते हैं।
14. मैं अपनी पूरी क्षमता के साथ काम कर रही हूं और अपने बेहतर प्रयास दे रही हूं। मेरे सहकर्मी भी अपनी पूरी क्षमता के साथ काम कर रहे हैं और अपने बेहतर प्रयास दे रहे हैं।
15. मैं उच्च गुणवत्ता का काम कर रही हूं। मेरे सहकर्मी भी उच्च गुणवत्ता का काम कर रहे हैं।
16. मैं अपने सहकर्मियों की मदद के लिए हमेशा तत्पर रहती हूं। तब भी जब मैं अपने किसी काम में व्यस्त हूं। मेरे सहकर्मी भी मेरी सहायता के लिए तत्पर रहते हैं, तब भी जब वे अपने काम में व्यस्त होते हैं।
17. हम किस तरह मिल–जुलकर बेहतर काम कर सकते हैं, इस पर मैं अपने सहकर्मियों को सहायक प्रतिक्रिया भी देती हूं। मेरे सहकर्मी भी मुझे इसी उद्देश्य पर सहायक प्रतिक्रिया देते हैं।
18. जब मुझे पता चलता है कि मेरा कोई सहकर्मी अपने काम को बेहतर तरीके से करने के लिए मेरे से किसी सहायता की उम्मीद या प्रतीक्षा कर रहा है तो

मैं उसे पूरी प्राथमिकता देती हूं। जब मेरे सहकर्मियों को पता चलता है कि अपना काम पूरी सक्षमता से करने के लिए मुझे किसी चीज की आवश्यकता है तो वे इसे पूरी प्राथमिकता देते हैं।

19. हमें उद्देश्यों व निर्देशन का स्पष्ट आभास है।
20. हम साकारात्मक परिणाम प्राप्त करते हैं और उनसे प्रभावित होते हैं।
21. हमें अपने ग्राहकों की आवश्यकताओं और आकांक्षाओं से रूबरू होना पड़ता है।
22. हम स्पस्टतः निर्धारित प्राथमिकताएं रखते हैं जो हमारे दिन–प्रतिदिन के काम और निर्णय लेने में हमारा मार्गदर्शन करती हैं।
23. अक्सर हम निश्चित समय सीमा में रहकर काम करते हैं और अपने वायदे पूरे करते हैं।
24. हम नवीनता व अपने प्रदर्शन को निरंतर बेहतर बनाने के लिए वचनबद्ध हैं।
25. जो प्रभाव हम रखते हैं उसके लिए हम अपने ग्राहकों से निरंतर प्रतिक्रियाएं भी प्राप्त करते हैं।
26. परिणामों को प्राप्त करने के लिए हम योजना, निर्माण व प्रबंधन को महत्त्वपूर्ण उपकरणों के रूप में प्रयोग करते हैं।
27. निर्णय लेते वक्त पूरी पारदर्शिता बरती जाती है।
28. काम के दबाव या अधिकता की स्थिति में काम का आवंटन पूरी निष्पक्षता के आधार पर होता है।
29. बेहतर तरीके से काम का समन्वयन किया जाता है।
30. हमारी प्रक्रियाएं और काम करने के तरीके हमें अपना काम प्रभावी तरीके से करने की अनुमति देती है।
31. सभाएं प्रभावी तरीके से चलाई जाती है और निश्चित ही यह समय का सदुपयोग है।
32. यह काम करने के लिए सबसे अच्छा स्थान है।
33. क़ाम का तरीका व उसकी रूपरेखा काफी रोचक, आकर्षक व सुसज्जित है।
34. तनाव का स्तर सामान्यतः स्वीकार्य है।
35. हम विश्वसनीयता के परिवेश में काम करते हैं।
36. हम दूसरी इकाइयों, प्रभागों व विभागों के साथ पूरे तालमेल के साथ काम करते हैं।
37. रचनात्मकता के व्यवहार के साथ सभी विरोधाभास समाप्त हो जाते हैं।

38. यहां वही लोग सफल है जो प्रतियोगी और प्रभावी हैं।
39. प्रबंधक अपने प्रबंधकीय उत्तरदायित्वों को गंभीरतापूर्वक निभाते हैं।
40. प्रबंधक और समस्त स्टाफ अपने दैनिक क्रियाकलापों के द्वारा अपने संगठन के मूलभूत मूल्यों को दर्शाते हैं।

> ! यह जीवन में आगे बढ़ने के लिए स्वयं चयनित अभ्यास था। !

41. हमारा काम ऐसा है जो संगठन के दूसरे हिस्सों के रूप में दिखाई देता है।
42. हम स्थायी संकट प्रणाली में काम करें, यह लगातार आग से खेलने के समान हो।
43. प्रबंधक ठोस निर्णय लेने से बचते हैं।
44. यहां सूक्ष्म प्रबंधन (माइक्रो–मैनेजिंग) की प्रवृति है।
45. कमजोर प्रदर्शन भी प्रबंधकों के लिए सहनीय है।
46. हम कठिन मुद्दों और समस्याओं से बचते हैं।
47. यद्यपि यहां सुधार के लिए काफी बातें होती हैं, लेकिन वास्तव में कुछ भी नहीं बदलता।
48. हम पहल करने और जोखिम में डालने वाली गलतियों को करने की बजाए इंतजार करने में विश्वास रखते हैं।
49. यदि हम अस्तित्व में रहना छोड़ देते हैं तो इससे कोई ज्यादा फर्क नहीं पड़ता।
50. बदलाव व सुधार के लिए कोई भी अपने आपको व्यक्तिगत रूप से उत्तरदायी नहीं समझता।

इसके परिणाम आत्म परीक्षण वाले थे। साथ ही वे हर प्रकार से आंखे खोलने वाले भी थे। इससे जो शिक्षाएं मिलती हैं वे भी हमारे सामने थीं, लेकिन इसमें जो कुछ मुझे प्रिय लगा वह यह कि जीवन में आगे बढ़ने के लिए यह एक स्वयं चयनित अभ्यास था। मैं विश्वस्त हूं जल्दी या देर से, लेकिन एक दिन अवश्य ही 360 डिग्री हमारे देश के सरकारी कार्यालयों में अपनायी जायेगी...जय हिन्द।

❑

27

काम का जुनून

मुझे टोट्स कंसल्टिंग के दूसरे वार्षिक समारोह में "पुटिंग पैशन टू वर्क" विषय पर बोलने के लिए आमंत्रित किया गया। मैंने उनका निमंत्रण स्वीकार किया क्योंकि यह विषय मेरे दिल के काफी करीब था। इसे समग्र रूप में प्रस्तुत करना, मेरे लिए किसी चुनौती से कम नहीं था, जो कि व्यावहारिक होने के साथ–साथ सैद्धांतिक भी हो। मानव संसाधन विकास व प्रबंधन के दूसरे क्षेत्रों से आए व्यवसायी इसके श्रोता थे। मैंने सैद्धांतिक पक्ष के लिए अपने को तैयार किया और फिर उन्हें अपने अनुभवों से जोड़ दिया। मैंने विषय को गहराई से जानने की कोशिश की ताकि कुछ परिपक्व विचार सामने आ सकें। फिर मैंने आखिरी दिन अपनी स्लाइड तैयार कीं। एयरपोर्ट पर उड़ान दो घंटे लेट थी इसलिए मैंने उस समय का भी सदुपयोग कर लिया।

'काम के प्रति जुनून या पैशन' का मतलब है कि हम पूरे मन से अपना काम करें। साथ ही अपने–आप से कुछ अहम सवाल भी पूछें, जैसे–मैं कौन हूँ? मेरी प्राथमिकताएँ क्या हैं? मैं किस तरह का व्यक्ति हूँ? यह मेरे भीतर 'कौन' है, जो मेरे काम या जिम्मेदारियों तक जाता है।

मेरा मानना है कि काम पर जाने वाला व्यक्ति संपूर्ण रूप से प्रभावित करता है या प्रभावित होता है। या तो हालात व प्रतिक्रिया को बदलता है या किसी भी तरह के 'क्या' का हिस्सा बन जाता है लेकिन खास बात यह है कि वहाँ काम के संबंध में 'कौन' जाता है।

प्रेरक प्रशिक्षण समय की माँग बनता जा रहा है। पूरी दुनिया में तेजी से यह लहर फैल रही है। सफलता की परिभाषा भी नए सिरे से रची जा रही थी। हाल ही

में न्यूयॉर्क में 'स्पिरिट एट वर्क' नामक विषय पर अंतर्राष्ट्रीय कांफ्रेंस हुई , जिसमें पूरी दुनिया के प्रमुख सी.ई.ओ. शामिल हुए, उन्होंने बड़े ध्यान से श्री दलाई लामा, श्री एस.एन. गोयनका व ब्रह्मकुमारियों के विचार सुने। वे अपनी आत्मा का पोषण चाहते थे। भौतिक संपदा से शांति नहीं मिल सकी, तभी तो वे वहाँ तक पहुँचे थे। आज वही किताबें व सीडी बेस्टसैलर मानी जाती हैं, जो आगे बढ़ने की प्रेरणा देती हैं तथा भीतरी विकास व तालमेल को प्रोत्साहित करती हैं।

इच्छा, निर्देशन, समर्थन व अनुशासन; इन चार गुणों के बिना योग्यता आ नहीं सकती।

एक संपूर्ण व्यक्ति काम पर आता है और उसी संपूर्णता के साथ लौटता भी है। उसके भीतर का व्यक्ति अविभाजक है। उसकी अच्छाई व बुराई, परछाई की तरह उसके साथ रहते हैं। हमें प्रकृति के नियम के रूप में इस वास्तविकता को समझना होगा।

'व्यक्ति' ही महत्त्वपूर्ण है। किसी भी वस्तु की कुल गुणवत्ता से पहले मनुष्य की गुणवत्ता मायने रखती है। यह भी प्रबंधन का बुनियादी नियम है।

व्यावसायिक निपुणता के इस युग में, जानकारी या ज्ञान की नहीं बल्कि योग्यता की कमी है। (1) डिजाइनर (इच्छा), (2) डायरेक्शन (निर्देशन), (3) डेडीकेट्स (समर्पण) व (4) डिसीपलिन (अनुशासन); इन चारों के बिना योग्यता आ ही नहीं सकती।

'काम में पैशन' लाने के लिए हमें शिवखेड़ा की पुस्तक 'यू कैन विन' में दिए गए तीन 'ई' अपनाने होंगे। वे हैं एजुकेशन, एक्सपीरयेंस व एन्वायरमेंट (शिक्षा, अनुभव व पर्यावरण)। काम में पैशन लाने के लिए एकता, व्यावसायिक दक्षता, विजन, संप्रेषण, टीमवर्क, अनुशासन व अन्य योग्यताओं की आवश्यकता होती है। यह सब कहाँ जाने के लिए हैं? एक मानसिक अवस्था, जहाँ कुछ पाने की संतुष्टि के साथ–साथ, अगले स्तर तक जाने की इच्छा भी होती है। हमें नानवीय जीवन के इन चार पहलुओं को प्राप्त करना होगा–'शारीरिक स्वास्थ्य', 'भावनात्मक प्रेम व प्रेरणा', 'बौद्धिकता', जीवन की समस्याओं को रचनात्मक रूप से सुलझाने की दक्षता, 'आध्यात्मिकता'... ऊँचे पक्षी की तरह उड़ान भरने के साथ–साथ गहराई में डूबने की क्षमता।

मैं महात्मा गांधी के शब्दों से अपनी बात खत्म करना चाहूँगी–"आइए वही बदलाव अपने भीतर लाएँ, जिसे हम दुनिया में लाना चाहते हैं।" एक ऐसे दुखी,

निराश व पीड़ित लड़के की कहानी है, जिसने ईश्वर से कहा "भगवान! आपने मुझे कहाँ भेज दिया? यह दुनिया बहुत बुरी है। कृपया! मुझे वापिस बुला लें। मैं यहाँ नहीं रहना चाहता। मैं आपके साथ ही ठीक था।" भगवान ने कहा, "मैं तुम्हें इस दुनिया में 'तुम्हें बेहतर' बनाने के लिए भेजा है। तुम ही अपने दुख व पीड़ा का मूल कारण हो और 'तुम' ही इसमें बदलाव लाओगे लेकिन यह सब व्यक्तिगत रूप से 'तुम' से शुरु होगा।"

काम के प्रति पैशन में 'कौन' व 'तुम' की वचनबद्धता के प्रति संपूर्णता भी शामिल होती है। अगर जीवन में पहले–पहल यह आदत पड़ जाए, तो यह किसी वरदान से कम नहीं लेकिन मेरा मानना है कि हम इसे जीवन की किसी भी अवस्था में सीख सकते हैं। यह एक आपको 'बेहतर' बनाने की अनिवार्य शर्त है।

❑

28

यहां-वहां

मैं अपनी बहन और बहनोई को एयरपोर्ट लेने गई थी। वे लोग लंदन से आ रहे थे, जहां वे काम करते थे। वे लोग हर साल वार्षिक छुट्टियों में घर आते हैं। हम लोग हाइवे से नीचे ड्राइव करते हुए आ रहे थे। कीर्ति ने कहा, 'यह बादल है या धुंध?' उसने कार की खिड़कियों के शीशे को नीचे की ओर किया और कहा, 'यह तो धुंध' है। मेरी बहन पीछे वाली सीट पर मेरे और कीर्ति के बीच में बैठी हुई थी और उस पर ए.सी. की सीधी हवा पड़ रही थी। उसने कहा, 'हवा से पैट्रोल की बदबू आ रही है।' जैसे ही ड्राइवर ने हार्न बजाया उसने तपाक से कहा, 'अरे हार्न पीछे है।' जैसे ही हम पालम रोड से होकर गुजरे कीर्ति ने हंसते हुए कहा, यहां कोई भी कार बिना डेंट के नहीं है। रीटा ने कहा कि लंदन में ट्रैफिक इतना है कि आप अर्द्धनिद्रावस्था में भी ड्राइव कर सकते हैं। इसका अर्थ लगाना आसान था।

जिस तरह वह चीजें देखकर बात कर रहे थे मैंने सोचा कि मैं उनकी बातों को अपने दिमाग में रख लूं। वे उन मुद्दों के बारे में इतनी मासूमियत और सहजपन से बात कर रहे थे, जिस विषय में हमारी इंद्रियों ने काम करना लगभग बंद ही कर दिया।

हम घर पहुंच गए। मेरी जिज्ञासा प्रतिपल बदलती जा रही थी और वे अपनी बातों को जो उन्होंने महसूस की थी, लगातार बोले जा रहे थे। बहुत सारी परिस्थितियां आज की उनकी जीवनशैली से मिलती–जुलती थीं। वे दोनों बहुत अच्छे और समझदार प्रोफैशनल्स हैं, जिनके पास सोचने की तीव्र क्षमता है। अतः उनके अनुमान अपने एवं प्रेरणा से भरे थे।

पर जो चीज उन्हें हिला रही थी वह थी फोन की घंटी सुनना। मेरे लिए घर

में आने वाले टेलीफोन काल को देखकर वह अचंभित रह गए जो सही में हमारे बीच की वार्ता को भंग कर रहे थे। असल में सभी काल काम से संबंधित थे।

रीटा ने कहा, वहां आपको घर में कोई फोन नहीं करता। यहां तक कि कोई आपको अपने घर का फोन नंबर तक नहीं देता। पूरे दिन काम करने के बाद जब हम घर में होते हैं, तो अपने कामों को करने के लिए होते हैं और अपना जीवन जीते हैं। जैसे ही उसने यह कहा, मेरे घर में काम कर रहा एक स्टाफ हमारे लिए चाय और नाश्ता ले आया।

तब उसने कहा 'किन्नी (वह मुझे इसी नाम से बुलाती है) वेस्ट में फुल टाइम घर के कामों में सहायता लेना बड़ा अजीब सा है। यह किसी की निजी जिंदगी में एक घुसपैठ जैसा है। आपके निजी काम जैसे कॉफी बनाना, आपका खाना बनाना, कपड़े साफ करना आपके लिए ड्राइव करना आपकी शक्तियों को कम करता है और हो सकता है आपको शक्तिहीन बना दे।'

यह कांसैप्ट तुम्हारी सोच से मेल नहीं खाता। यहां माएं–पति–पत्नियों पर, सासें बहुओं पर, दादा दादी पर एक–दूसरे पर आश्रित रहने वाले संबंध हैं। यहां स्वसहायता का और पश्चिम जैसी स्वतंत्रता का विरोध है। हमारी बातचीत अब लाइफ स्टाइल की जड़ों की ओर पहुंची। (रीटा और कीर्ति दोनों क्लीनिकल साइकोलाजिस्ट हैं) वह अपने पारिवारिक संगठन पर आए। पिता का परिवार पर नियंत्रण एवं दबदबा होता है, इसलिए वह परिवार का मुखिया होता है। वह मां के साथ जिम्मेदारी संभालते हैं। अपना कर्त्तव्य समझकर बच्चों और परिवार के अन्य लोगों के प्रति दोनों अपनी जिंदगी दांव पर लगाते हैं। अपने परिवार को आराम देने के लिए बचत करते हैं और अपने बच्चों को बड़ा कर उन्हें काम पर लगा देना चाहते हैं और उसके बाद उनकी शादी करते हैं। उसके बाद भी वे अपने बच्चों के बच्चों को देखते हैं। (जैसे मेरे माता–पिता ने भी किया) उसके बाद बच्चे (अच्छे बच्चे बेशक) अपने रिटायर्ड माता–पिता की जिम्मेदारी लेने को तैयार रहते हैं। इस तरह यह चलता रहता है। अब परिस्थितियां लगभग नाटकीय रूप में बदल रही हैं और जो बात आज सबसे ज्यादा बदल रही है वह है वृद्धों की देखभाल। उन्हें अब 'मुसीबत' या सौंपी गई जिम्मेदारी कहा जाता है। इसके बाद भी भारतीय घरों में माता–पिता के लिए मर्यादा अभी बाकी है।

इसकी तुलना अब पश्चिम के देशों के परिवारों से करें। नियंत्रण और संभाल से लेकर यहां एप्रोच एक–दूसरे से परामर्श करने की है। बच्चे जब स्कूल में होते हैं उन्हें अपने लिए जीना सिखाते हैं और स्वतंत्र रहना सिखाते हैं। युवा होने तक

वह अपने लिए जगह तलाशना शुरू कर देते हैं। बहुत कम लोग ही लंबे-चौड़े परिवार के बीच रहते हैं। बहुत कम ही लड़के यहां अपनी पत्नी को अपने माता-पिता के साथ रखते हैं। कोई प्रश्न ही नहीं उठता कि बूढ़े मां-बाप अपने पोते-पोतियों को बेबी सिटिंग में बिठाते हों। यहां स्वतंत्रता की संस्कृति है, अपनी स्वायत्तता, स्वयं पर विश्वास, बहुत निजता और बेहद एकाकीपन है।

> ! पश्चिम में स्वतंत्रता की संस्कृति है, अपनी स्वायत्तता, स्वयं पर विश्वास, बहुत निजता और बेहद एकाकीपन है। !

विश्लेषण के इस बिंदु पर रीटा ने कहा, 'किरण, तुम्हें पता है कि हमारी लोकेलिटी में (लंदन में) एक बस हर सुबह वृद्धों को लेकर जाती है। यहां तक कि जो लोग व्हील चेयर में होते हैं, वे भी बस में जा सकते हैं। उन सबको फिर कंट्री क्लब ले जाया जाता है, जहां वे लोग अपनी उम्र और व्यक्तित्व के अनुसार बहुत से प्रतिभाजन्य कार्यक्रमों में भाग ले सकते हैं। यह जगह सामाजिकीकरण और स्वास्थ्य से भी संबंधित है। वृद्धों को हर दिन मेल-मिलाप और उनके एकाकीपन और बोरियत को दूर करता है और यह वृहत् सामाजिक तंत्र स्थापित करता है।'

इसे सुनने में बहुत मजा आता है और मेरे जैसे छोटे परिवार के लोगों के लिए अच्छा है। क्या पता किसे, इसकी जरूरत पड़ जाए? मुझे आश्चर्य हुआ कि क्या हमें पहले इसकी जरूरत नहीं है? क्या हम सोच सकते हैं कि हमारा म्यूनिसिपल कार्पोशन इस ओर सोच सकता है? इस तरह के काम के लिए उच्च स्तरीय संवेदनशीलता एकाग्रचितता आवश्यक है।

❑

29

भोग या योग

कुछ समय पूर्व मुझे अपने ही एक रिश्तेदार के जरिए मालूम हुआ कि मेरे पैतृक निवास अमृतसर में हमारी एक धर्मशाला भी है जो हमारे पेशावरिया फैमिली ट्रस्ट की मलकीयत है। यह धर्मशाला बड़े मौके की जमीन पर स्थित है जिसे मेरे पूर्वजों ने बनवाया था। हरिद्वार, वाराणसी और अमृतसर आदि धार्मिक स्थलों पर ये धर्मशालाएं यहां आने वाले यात्रियों को आश्रय देने के उद्देश्य से बनाई गई थीं। मेरे रिश्तेदार ने मुझे बताया कि धर्मशालाएं अब बेची जा रही हैं और ट्रस्टीज द्वारा इन्हें अपना आवास बनाकर व्यापारिक उद्देश्यों के लिए प्रयोग किया जा रहा है। ट्रस्ट से संबंध रखने वाले मेरे पारिवारिक सदस्य शहर में नहीं रहते और वे इन लोगों को दिन–प्रतिदिन की गतिविधियों पर नजर रखने में भी सक्षम नहीं हैं। इसी का लाभ उठाते हुए ट्रस्ट से जुड़े लोग निजी हितों के लिए ट्रस्ट की संपत्ति का प्रयोग करने लगे। यह इस रूप में भी एक शर्मनाक बात भी है कि ये लोग इस पवित्र संपत्ति के खरीदार भी थे और इन्हें अच्छी तरह मालूम है कि ट्रस्ट की यह संपत्ति लोक सेवार्थ उद्देश्यों के लिए है। निःसंदेह यह विश्वास भंग का मामला है जो न्यायालय तक जाएगा, लेकिन इस बार मैं आपके साथ अपने ऐसे कुछ अनुभवों को सांझा करने जा रही हूं जो इस इससे पूरी तरह अलग हैं और देश के दूसरे भागों से संबंधित हैं, उदाहरण के तौर पर दक्षिण भारत जहां मुझे एक महिला होस्टल के उद्घाटन के लिए बुलाया गया था। यह होस्टल उच्च शिक्षा पाने के लिए बंगलौर आने वाली ग्रामीण क्षेत्रों की लड़कियों को बोर्ड व लॉजिंग की मुफ्त सुविधा के उद्देश्य से बनवाया गया है। यहां जो कुछ मैंने देखा और समझा उसने मुझे अंदर तक पीड़ा और कष्ट दिया और मुझे प्रोत्साहित भी किया। होस्टल के लिए भूमि और भवन निर्माण

का सारा खर्च के. दिनेश व उनकी पत्नी आशा ने उठाया। यह सब दान स्वरूप व लोक सेवार्थ किया गया कार्य था। के. दिनेश इंफ्रोसेस टैक्नोलॉजी लिमिटेड में निदेशक के पद पर कार्यरत हैं।

इस दंपत्ति ने यह धर्मार्थ कार्य अपनी माताओं सवित्रामन और शांता की याद में कराया। ऐसा नहीं है कि श्री के. दिनेश और उनकी पत्नी अपने उत्तरदायित्वों को नहीं समझते और उन्हें इसकी बिल्कुल भी चिंता नहीं थी। वे जीवन के उस पड़ाव पर हैं जहां जिंदगी अपना आधा सफर खत्म कर चुकी होती है और उनकी दो पुत्रियां भी हैं।

एक भरा पूरा परिवार होने के बावजूद भी इनका हृदय इतना विशाल है कि यह दंपत्ति हमेशा राष्ट्र की सेवा में समर्पित रहता है। जो कुछ इनसे बन पड़ता है वह ये दोनों स्वेच्छा से करने के लिए तत्पर रहते हैं। यह भी भाग्य का अनोखा खेल है कि के. दिनेश जो आज एक परोपकारी बन चुके हैं, अपने विद्यार्थीकाल में किसी अपने ही जैसे बड़े दिलवाले परोपकारी की सेवाओं का लाभ उठा चुके हैं। इस बड़े दिल वाले परोपकारी का नाम बी.के. मैरिअप्पा था जो 19वीं शताब्दी के शुरुआती वर्षों में बंगलौर के एक जाने–माने व्यापारी थे। श्री मैरिअप्पा गरीब विद्यार्थियों को हर तरह की सुविधाएं प्रदान करते थे। अपनी मृत्यु से चार दिन पहले उन्होंने अपनी सारी संपत्ति 4.3.1914 को बनाई गई विल के तहत धर्मार्थ उद्देश्यों के लिए दान कर दी। विल के मुताबिक यह संपत्ति गरीब व योग्य विद्यार्थियों को बिना जातिगत भेदभाव किए मुफ्त बोर्डिंग व लॉजिंग की सुविधाएं देने व हौस्टल बनाने के उद्देश्य से दान की गई थी। साथ ही उन्होंने इस संपत्ति से शहर के चार मंदिरों में होने वाली पूजा के लिए प्रतिदिन तेल का भी प्रबंध करने की बात कही। अपनी संपत्ति से उन्होंने अपनी पत्नी के लिए भी विल की जिसमें उनकी पत्नी को उनकी मृत्यु के बाद प्रतिमाह मैंटेनेंस एलाउंस के रूप में 100 रुपए देने की बात कही गई। 8.3.1914 की विल और कोडिसिल ने ट्रस्टीज को श्री मैरिअप्पा की समस्त संपत्ति को बेचने और उससे मिली राशि को सरकारी सुरक्षा में खर्च करने और इस राशि से मिले ब्याज को अमुक उद्देश्यों के लिए खर्च करने के लिए प्रयोग करने का अधिकार प्रदान किया। इस समस्त विधि–विधान में गौरतलब बात यह है कि श्री मैरिअप्पा की संपत्ति के लिए बनाई गई ट्रस्ट के कार्यों, संस्थान के विकास कार्यों हेतु अपना बहुमूल्य समय देने वाले ट्रस्टीज में बहुत से उस वक्त सरकारी पदों पर कार्यरत थे। यहां कुछ का जिक्र किया जाए तो उनमें से एक सेवानिवृत्त मुख्य अभियंता, अपर सचिव, एक सेवानिवृत्त

जिला एवं सत्र न्यायाधीश व ऐसी ही महत्त्वपूर्ण पदों पर कार्यरत सरकारी कार्यकारिणी ट्रस्ट के सदस्य थे।

यह महान पुरुष 31 वर्ष की अपनी छोटी सी जिन्दगी में इतने महान कार्य करके संसार से विदा हो गया। मैंने वहां जाकर स्वयं बी.के. मैरिअप्पा होस्टल को देखा और निरीक्षण किया। श्री के. दिनेश उस होस्टल के पुराने छात्र रहे हैं और यही नहीं इनके पिता श्री ए.आर. कृष्णास्वामी ने भी इसी होस्टल में अपना विद्यार्थीकाल बिताया। वास्तव में बी.के. मैरिअप्पा होस्टल ने अभी तक देश को अनेक इंजीनियर, डॉक्टर, प्रशासक, तकनीकी वेत्ता, शिक्षाविद्, व्यापारी और अन्य व्यवसायी दिए हैं और अपनी इन्हीं विशेषताओं के लिए यह होस्टल खास तौर पर जाना जाता है। यहां से निकले बहुत से विद्यार्थी महत्त्वपूर्ण पदों पर कार्य करके सेवानिवृत्त भी हो चुके हैं और देश के विभिन्न भागों में और विदेशों में बस गए हैं। अब आशा की जा रही है कि लड़कों के होस्टल के समान ही लड़कियों का होस्टल भी आने वाले वर्षों में उसी सीमा व स्तर तक महिला व्यावसायियों (नारी प्रतिभाओं) का निर्माण करेगा।

उद्‌घाटन अवसर के मौके पर कुछ क्षण ऐसे भी आए जब मैंने अपने अंतर्मन में गौरवपूर्ण अनुभूतियों को भी महसूस किया। मैरिअप्पा होस्टल से पास आउट हुए एक युवा विद्यार्थी ने मानवीयता का परिचय देते हुए मैरिअप्पा चैरिटी फंड में अपनी मेहनत की कमाई 1,000 इंफोसिस शेयर्स को दान किया ताकि लड़कियों के लिए संस्थान का निर्माण और मेरिएमास के लिए आवासों का निर्माण हो सके, लेकिन क्या वे मैरिएमास बन पाएंगे...। इसके लिए हमें प्रतीक्षा करनी होगी... इसे देखने के लिए. .. संभवतः हमारी अगली पीढ़ी इसे अच्छी तरह जान पाएगी।

लेकिन हमारे पारिवारिक पेशवरियान ट्रस्ट में जो कुछ हो रहा है वह यहां की परिस्थितियों से भिन्न है जैसे कि जानकारी मिली है कि पेशावरियान ट्रस्ट के ट्रस्टी धर्मशालाओं को अपने घरों में तब्दील कर उन्हें व्यापारिक हितों के लिए प्रयोग कर रहे हैं और इन ट्रस्टीज को धर्मशालाओं को हथियाकर बनाए गए आवासों में रहकर किसी तरह की पापानुभूति नहीं हो रही है। सच तो यह है कि इसमें जमीन का एक हिस्सा वह भी है जहां मृतक व्यक्ति के अनुष्ठान के लिए अंतिम प्रार्थना की जाती थी। यह तो समय ही बता पाएगा कि ये लोग कितने समय तक यहां रह पाते हैं।

लेकिन दो मामलों को यहां हम स्पष्ट देख सकते हैं। पहला भोग में जीवन जीते ये इंसान और दूसरा योग को जीवन आधार बनाने वाले ये परोपकारी लोग। शारीरिक रूप से सभी मनुष्य समान हैं, लेकिन मानसिक व आत्मीय स्तरों पर इनमें व्यापक

मतभेद है। कुछ इस शरीर और आत्मा को भोगमय जीवन हेतु प्रयोग करते हैं। यह भौतिक उपभोग व संचयन है जबकि दूसरे लोग अपने जीवन को योग समर्पित कर देते हैं।

> शारीरिक दृष्टिकोण ! से योगी और भोगी मनुष्य समान है, लेकिन मानस्कि और आत्मीय स्तरों पर इनमें व्यापक ! मतभेद है।

ये लोग अपने सद्कर्मों से संपत्ति का निर्माण करते हैं और इसे दूसरों के लाभार्थ पुनः व्यय करते हैं। मैरिअप्पा व के. दिनेश इन लोगों के उदाहरण हैं। वे योगमय जीवन जीते हैं और पेशावरिया ट्रस्टी वे विश्वास भर करने वाले लोग हैं जो भोग... और शर्म के साथ जीवन जीते हैं।

हमें अपनी इच्छाएं बनानी होंगी... रोजाना भोग... और योग के बीच... अंत में दोनों ही स्थितियों के परिणाम सामने आते हैं।

❑

30

बदलाव ही जीवन है

जैसे–जैसे समय बीतता है, हममें भी धीरे–धीरे बदलाव आता जाता है। कुछ बेहतरी के लिए होता है तो कुछ नुकसान के लिए। कई बार हमें इस बदलाव का पता चलता है और कई बार पता तक नहीं चलता लेकिन जब हम जिंदगी की राह में पीछे मुड़कर देखते हैं, तो वे बदलाव साफ दिखाई देते हैं।

मैं यहाँ आपसे निजी बदलाव की ऐसी ही प्रक्रिया का उल्लेख करना चाह रही हूँ जिसे मैंने अपने जन्मदिन के आयोजन पर निजी रूप से अनुभव किया। अनेक वर्षों तक मेरा जन्मदिन, मेरे परिवार व निकट आत्मीयों के लिए हर्ष का विषय रहा। इसका मतलब था मिलकर खूब मौज करना। मैं केक काटती, मोमबत्तियाँ बुझाती, मनचाही वस्तुएँ खाती, ट्रैक सूट–टी शर्ट, जॉगिंग शू, किताबें या औपचारिक वस्त्रों के उपहार पाती। हम सब अपनी माँ के आसपास मंडराते। मैंने सोचा था कि यह समारोह हमेशा मेरे जीवन का एक अंग रहेंगे। लेकिन अचानक, एक दिन 29 मई 1999 को सब कुछ बदल गया। जब माँ अचानक हमें छोड़कर स्वर्ग सिधार गईं तो मेरा जन्मदिन आने में कुछ ही दिन बाकी थे। उसके बाद आने वाले जन्मदिन, जन्म की तिथि बनकर रह गए। मैं केक देखना तक नहीं चाहती थी, मैं केक काटना भूल गई थी, जन्मदिन की शुभकामनाओं ने अपने अर्थ खो दिए थे।

हालांकि समय के साथ–साथ यह भावना निजी हो गई और एक बार फिर पुलिस प्रशिक्षण केंद्र के प्रशिक्षुओं, नवंज्योति गर्ल्स स्कूल प्रोजेक्ट के स्टाफ व छात्राओं (नवज्योति में 7000 से भी अधिक बच्चों को शिक्षा दी जाती है) ने इसे आयोजन का केंद्र बिंदु बना दिया। वे नहीं जानते थे कि मेरे लिए जन्मदिन का कोई अर्थ नहीं

रह गया था उनके लिए यह उनकी मैडम का जन्मदिन था। उन्होंने वही सब किया, जो मेरी माँ करतीं। उन्होंने बड़ा–सा केक खरीदा, पूरे ट्रेनिंग केंद्र को सजाया, छोटे–छोटे तोहफे दिए, जिन्होंने मेरे दिल को छू लिया। मैंने उनकी खुशी के लिए वे तोहफे कबूल कर लिए।

> अब मेरे पास जो है, मैं जानती हूं कि यह हमेशा मेरे पास नहीं रहेगा। यह जाएगा और चला जाएगा। मुझे बस सही समय पर इसके उद्देश्य को समझना है।

मैंने कहा कि मैं चाहती हूँ, मेरा जन्मदिन 'मदर्स डे' के रूप में मनाया जाए। मेरा मानना है कि किसी बच्चे के जन्म के साथ एक माँ का भी नया जन्म होता है। मैंने उस समारोह के आयोजन को 'मदर्स डे' में बदल दिया। सबको मेरा उपाय बेहद पसंद आया।

मेरे लिए, यह बदलाव यहीं नहीं थमा। यह जारी रहा। हाल ही में, मैं वहाँ गई, जहाँ शायद मेरी माँ भी पहुँच गई हैं... माता वैष्णो देवी के चरणों में... मैंने तय किया कि जन्मदिन के अवसर पर मैं भी माता के दर्शन करने जाऊँगी, मेरी माँ भी वैष्णो देवी पर बेहद आस्था रखती थीं। मुझे शांति व प्रार्थना के साथ–साथ आभार व्यक्त करने की भी आवश्यकता थी।

अब केक, तोहफे व मोमबत्तियाँ मेरी जरूरत नहीं रहे। भक्ति, शांति, आत्मनिरीक्षण, प्रार्थना, आभार, क्षमा व माँ की कृपा ही मेरी आवश्यकता है। मैं हैरान हूँ कि मुझमें यह बदलाव कैसे और कब आया? जब मैंने यह सोचा कि वे आयोजन हमेशा मेरे साथ रहेंगे शायद तभी वह बदलाव मेरे जीवन में आया।

अब मेरे पास जो है, मैं जानती हूँ कि यह हमेशा मेरे पास नहीं रहेगा। यह आएगा और चला जाएगा। मुझे बस सही समय पर इसके उद्देश्य को समझना है। इसे पूरी तरह समझ कर, आदर देना होगा और फिर जाने देना होगा... क्योंकि इसे तो जाना ही है लेकिन मुझे इसे पूरा मान देना चाहिए तथा अपनी पूरी योग्यता, विनय व आभार का सहयोग देना चाहिए।

हमें इसे समझने के लिए मेरी आयु तक पहुँचना आवश्यक नहीं है। हमें जिंदगी में कभी भी चेतन व अवचेतन रूप से इसके लिए तैयार रहना चाहिए व इसे समझना चाहिए। तब शांति, आभार, प्रेम, सामंजस्य, समानता व कृपा के सिवा कुछ नहीं बचेगा।

अब कुछ मेरी तीर्थयात्रा के विषय में है। हालांकि हम माँ के भक्त यात्रा की सुख

सुविधाओं के लिए श्रीन बोर्ड के आभारी हैं लेकिन काश कि वे थोड़े और प्रयत्न कर सकें, जो कि वे कर सकते हैं। मेरे पास कुछ सुझाव हैं–

1. ग्रीन टास्क फोर्स की मदद से पहाड़ियों पर वृक्ष उगाए जाएँ। यह संभव है। हर तीर्थयात्री को प्रवेश रसीद के साथ ग्रीन टिकट दी जाए ताकि वह वहाँ पौधे लगा सकें। प्रति वृक्ष एक टोकन तय किया जा सकता है। इस तरह संसाधनों की कमी नहीं रहेगी।
2. दरबार तक तीर्थ यात्रियों को ले जाने वाले खच्चरों की पूँछों के नीचे थैले लगाए जाएँ ताकि उनका मल रास्ते में न गिरे। हालांकि वहाँ लगातार सफाई होती रहती है लेकिन झाड़ू के साथ–साथ गंदगी के वे कण उड़कर हमारे मुँह पर आ रहे थे। अगर खच्चरों की पूँछों के नीचे थैले लगे होंगे तो रास्ते गंदे नहीं होंगे। कई श्रद्धालु नंगे पाँव चलते हैं इस तरह उन्हें चलने के लिए साफ जमीन मिलेगी।
3. अंत में, 13 कि.मी. की इस यात्रा में हर जगह ऑडियो सिस्टम हो ताकि प्रार्थना व भक्ति संगीत के अलावा, जरूरत पड़ने पर उद्घोषणाएँ भी की जा सकें। इससे श्रद्धालुओं को काफी अच्छा लगेगा।

मेरे लिए यह वृद्धि व समर्पण की यात्रा रही। यह बिना किसी माँग के कड़ी मेहनत की तरह था। यह उच्च शक्तियों के प्रति आत्म समर्पण का भाव था। यह एक ऐसा बदलाव था जो संभवतः आयु, ज्ञान व अनुभव के बाद आता है।

❑

31

ऊर्जा का प्रयोग

हमारा जीवन अनुभवों की एक लंबी शृंखला है। वर्षों से ये अनुभव निरंतर हमारे व्यवहार का हिस्सा बनकर हमारे जीवन को गतिशील बनाए हुए हैं, लेकिन वास्तव में उस वक्त जब कोई व्यक्ति सावधानीपूर्वक इन अनुभवों का विभाजन, लेखा–परीक्षण या विश्लेषण करना बंद कर देता है तो इनका स्वरूप ऐसा नहीं रहता। मेरे विचार से जीवन भाषा के स्वरूप, के समान है, जिसके अपने विरामचिह्न विधान हैं। इसमें कहीं अर्धविराम है, कहीं कालम है, तो कहीं विस्मयादिबोधक चिह्न और व्याकरण के अन्य नियम भी इसमें शामिल हैं। लिखित स्वरूप में प्रत्येक विरामचिह्न का अपना अदृश्य, अकथ्य अर्थ होता है– इसमें शीर्षक, गहरे शब्द, वाक्यांश और पाठ सभी चुप रहते हुए बड़ी ही भावपूर्णता के साथ बोलते हैं।

कुछ दिन पूर्व मैंने जीवन की दृश्यमान व प्रकट भाषा को स्वयं अनुभूत किया। यह वाक्या उस वक्त का है जब मैं मौसमी बुखार से पीड़ित थी और मुझे तेज बुखार के साथ–साथ छाती में भी बहुत दर्द था। मेरे लिए यह जीवन की एक दूसरी ही भाषा थी, जिसको मैंने व्यक्तिगत रूप से अपने साथ काफी समय बाद महसूस किया था, क्योंकि इस बुखार के कारण मुझे अस्पताल में दाखिल होने की आवश्यकता पड़ी, इसलिए इस भाषा में उत्साह स्थल नहीं रहा। कारण यह था कि मुझे घर पर ही ठीक समय पर सही उपचार मिल गया था। इस अवधि के दौरान मैंने कई बार अपनी शारीरिक जांच कराई, और यह सिलसिला तब तक जारी रहा जब तक मेरे शरीर के सभी अंग दुरुस्त नहीं हो गए। इस दौरान मैं जीवन के अभ्यासों का पुनःस्मरण करती रही और उसे दोहराती रही। उन्हीं अभ्यासों को आज मैं यहां उन लोगों के

लिए दोहरा रही हूं जो प्रकृति के इस निश्चित उपहार को ग्रहण कर सकते हैं... जैसा कि मैं ग्रहण कर चुकी हूं।

अभ्यास एक : प्रत्येक दिन शारीरिक स्वास्थ्य हम सभी को प्रकृति की अनुपम देन है और ऊर्जस्वी स्वास्थ्य से अधिक अच्छा कोई उपहार नहीं। स्वास्थ्य के बिना कोई भी पद, प्रतिष्ठा, शक्ति का न तो कोई लाभ है और न ही मूल्य, इसलिए जब भी रोजाना हम सो कर उठें, हमें उन तत्त्वों का धन्यवाद करना चाहिए जो हमें ऊर्जस्वी स्वास्थ्य प्रदान करते हैं।

अभ्यास दो : जब एक बार हम इस मूल उपहार का महत्त्व समझने लगें, उदाहरणार्थ अत्यंत महत्वपूर्ण उपहार के रूप में ऊर्जस्वी शारीरिक स्वास्थ्य (आज जो हमारे पास है) को हमें कभी भी महत्त्वहीन नहीं समझना चाहिए, बल्कि इसका सदुपयोग करना चाहिए। यह मानसिकता हम सभी में ऊर्जस्वी स्वास्थ्य के प्रति जागरूकता को बढ़ावा देगी और इस तरह सभी जगह हम अपनी ऊर्जा का उपयोग किस तरह कर सकते हैं।

अभ्यास तीन : इस जागरुकता के साथ हम प्राकृतिक रूप से किसी ऐसे तत्त्व को ग्रहण नहीं करेंगे जो संपूर्ण प्रणाली को क्षति पहुंचाएं या जिसका सामंना करने में हमारा शरीर कठिनाई महसूस करे या जो पुनः विकट परिस्थितियों के निर्माण के लिए अपने पीछे कुछ जहरीले तत्त्वों को छोड़ जाएं। वास्तव में यह अनुभूतिकरण शरीर के प्रति एक विश्वास को जन्म देगा और हमें बताएगा कि शरीर एक मंदिर के समान साफ व शुद्ध रखो।

अभ्यास चार : अब शारीरिक प्रणाली की बात करें तो शारीरिक ऊर्जा को महत्त्वपूर्ण व उपयोगी बनाने वाला अंग है दिमाग। अक्सर कहा जाता है कि स्वस्थ शरीर में ही स्वस्थ दिमाग का वास होता है, इसलिए यदि शरीर ऊर्जस्वी है, तो इसका उपयोग इस तरह होना चाहिए जिससे अच्छे, साफ–सुथरे, विनम्र व सहृदयतापूर्ण विचार उत्पन्न हों। यदि एक बार स्वस्थ शरीर व स्वस्थ दिमाग का आपस में मेल जो जाए तो निश्चित ही जीवन में वह व्यक्ति हमेशा खुश रहेगा व सफलता उसके कदम चूमेगी।

अभ्यास पांच : प्रकृति को उसके उपहार के बदले यदि हमें कुछ लौटाना है तो इसका एक सबसे बेहतर या कहें कि विशुद्ध तरीका यही होगा कि मानवता की सेवा करें और इसकी शुरुआत यदि बीमार लोगों की सेवा से की जाए तो इससे बेहतर कुछ और नहीं हो सकता। ऐसे लोग जो अकेले रहते हैं और जिनके पास ऐसे साधन नहीं हैं जिनकी मदद से वे पुनः स्वस्थ हो सकते हैं। निःसंदेह बीमार,

कमजोर व बुजुर्गों की सेवा से कृतज्ञता की अनुभूति होती है और ऐसा करने के लिए किसी को दूर जाने की आवश्यकता नहीं है। आप अपने दादा, अभिभावकों, रिश्तेदारों, दोस्तों, पड़ोसियों व सामुदायिक अस्पताल में रोगियों की देखभाल व सेवा के द्वारा अभी से इस नेक काम की शुरुआत कर सकते हैं। यदि विद्यार्थियों को स्कूल, कॉलेज व विश्वविद्यालयों में विद्यार्जन के दौरान सामुदायिक सेवा की ओर प्रेरित किया जाए और उन्हें यह सब सिखया जाए तो कैसा रहेगा?

> ! हमें अपने अच्छे मन, कर्म और विचार से अच्छी सोच विकसित करनी चाहिए। !

बुजुर्गों व असहाय लोगों की सेवा, उन्हें खाना खाने में मदद करना, कपड़े पहनना, नहलाना, उनके बाल संवारना, फूल और पढ़ने के लिए किताबें आदि देकर आज से ही जीवन के नेक प्रयासों की शुरुआत की जा सकती है। इस तरह किशोर व युवा जीवन में छोटी उम्र से ये अभ्यास सीख सकेंगे और इससे उनका शरीर ऊर्जा से भर जाएगा व मस्तिष्क में नए–नए विचार जन्म लेंगे।

लेकिन ये सभी अभ्यास एक लेख या किताब के एक पाठ के रूप में पढ़ने की आवश्यकता नहीं है। इन्हें अपनी जीवनधारा में दोहराने व व्यवहार मे लाने की आवश्यकता है।

❑

32

ईश्वर के पंख

आने वाले नए वर्ष के लिए हमारा संकल्प क्या होना चाहिए, जिससे न सिर्फ प्रार्थना करने वाले व्यक्ति बल्कि मानवता को भी लाभ हो। हम तनाव, संघर्ष और नुकसानदायक प्रतियोगिता के बीच अपना कर्त्तव्य निभा रहे हैं इसलिए हमें एक ऐसी प्रार्थना चाहिए, जो शांति का आश्वासन दे सके। यहाँ नववर्ष संकल्प के रूप में ऐसी ही एक प्रार्थना करने का प्रयास किया गया है।

हम प्रार्थना करते हैं:

1. हमें अच्छी सेहत का वरदान मिले।
2. हमारे परिवार भी स्वस्थ व सुरक्षित रहें।
3. हमारे कर्म, वचन और वाणी विवेकपूर्ण हों।
4. हम अमने अधिकारों की प्राप्ति में दूसरों की समरसता या शांति भंग न करें
5. हम अपना कर्त्तव्य निभाते समय, दूसरों के अधिकार न छीनें।
6. हम अपनी ऊर्जा व प्रयासों के बल पर काम करने के पर्यावरण में शांति व सामंजस्य ला सकें।
7. हमारे संपर्क में आने वाला हर व्यक्ति प्रसन्नता व शुभकामनाएँ पाएँ।
8. हम प्रतिदिन बेहतरी के लिए विकसित हों।
9. हमारा समय न सिर्फ हमारी भलाई बल्कि देश व समाज कल्याण के लिए भी निवेश हो।
10. हमारा कार्यस्थल सिर्फ नौकरी न रहकर, एक मिशन बन जाए।
11. हमारे माता–पिता हमें अपना योग्य उत्तराधिकारी मानें।
12. हम खुले दिल से जरूरतमंदों की मदद कर सकें।

> हमें ऐसी प्रार्थना चाहिए जो शांति को आश्वासन दे।

13. हम अपनी मांगे पूरी होने पर आभार व्यक्त करें तथा लोभ से बचें।
14. इसमें अतिरिक्त समृद्धि बाँटने की इच्छा बनी रहे।
15. हम टेनिस के खिलाड़ी की तरह सामने आती बॉल को मुसीबत न मानकर, खेलने का अवसर मानें और इसी तरह समस्याओं के समाधान तलाशें।
16. हमें एहसास हो कि हम भी कैटरपिलर से सुंदर तितली बन सकते हैं।
17. हमें एहसास हो कि हम भी प्रबुद्ध होकर 'बुद्ध' बन सकते हैं।
18. हम जीने के लिए काम न करें बल्कि काम के लिए जिएं। हम एक रहस्यवादी की तरह जिएँ, जो अपने ऊपर भी काम करता है।
19. हमारी शुद्ध चेतना से प्रेम प्रवाहित हो और जीवन को सहज रूप में जिएँ।
20. हमारा जीवन प्रेम व शांति की तरंगों पर सवार रहे। स्वामी सुबोधानंदा के शब्दों में इन्हें 'ईश्वर के पंख' भी कह सकते हैं।

❑

33

बुद्धिमतापूर्ण चुनाव

हम सब अपने–अपने तरीके से पुराने साल को विदा देते हैं तथा नए साल का स्वागत करते हैं। इस साल मैंने इस बात को और भी अच्छी तरह जाना। हालांकि कोई विशेष कारण नहीं था, शायद निजी प्राथमिकताओं व भीतरी जरूरतों में बदलाव की वजह से ऐसा हुआ। इन भीतरी बदलावों के आने के बाद मनुष्य को स्वयं ही तय करना पड़ता है कि वह किस ओर जाए।

मैंने अपना नया साल न्यूयॉर्क में मनाया। मैनहट्टन में रहने की वजह से मैं टाइम्स स्क्वायर में जा कर करोड़ों की भीड़ का हिस्सा बन सकती थी लेकिन मेरी जरूरत तो कुछ अलग थी। मैं अपंने घर से तीन घंटे की दूरी पर स्थित आध्यात्मिक स्थल पर थी। यह योग विज्ञान तथा दर्शन का 'हिमालयन इंटरनेशनल इंस्टीट्यूट' है।

हिमालय के एक आध्यात्मिक संत, श्री स्वामी राम ने इसकी स्थापना की (यू.एस. में अनेक शाखाएँ) यह संस्था पेंसलवानिया के होंसडेल नामक स्थल पर है। संस्था ने एक संपूर्ण उपचार कार्यक्रम विकसित किया है, एक स्नातक स्कूल से मास्टर डिग्री मिलती है, योग मनोविज्ञान व दर्शन व योग विज्ञान में शोध व प्रशिक्षण कार्यक्रमों के लिए पी.एच.डी. डिग्री दी जाती है।

'लिविंग विद द हिमालयन मास्टरस' के माध्यम से मेरा गुरुजी से परिचय हुआ और बाद में स्वामी राम के योग्य शिष्य द्वारा लिखी गई जीवनी 'द इलेवन्थ ऑवर' के माध्यम से...। पंडित रजमानी तिगुनेट न केवल संस्कृत अध्यापक व विद्वान हैं (दो पी.एच.डी. डिग्रियों सहित) बल्कि उन्होंने अनेक पुस्तकें भी लिखी हैं। वे इस संस्था के वर्तमान आध्यात्मिक प्रमुख भी हैं।

> जीवन एक परिवर्तन है, वृद्धि वैकल्पिक है, सोच-समझ कर ही चुनें।

मैं अपने नए साल की शुरुआत में वहीं थी। यह पिछले वर्ष के लिए आभार प्रकट करने का समय भी था। मैंने जो कुछ भी वहाँ देखा, उसने मेरे दिल को छू लिया। वहाँ काफी विदेशी और कुछ भारतीय उपस्थित थे। वे सब भी मेरी तरह टाइम्स स्क्वायर छोड़कर वहाँ पहुँचे थे। हमने पूरी शुद्धता व सादगी के साथ भजन गाए। यह पूर्व व पश्चिम का अद्भुत मेल था; स्वामी राम के शिष्य ने आध्यात्मिक गान का नेतृत्व किया।

अगर मैंने पाठकों के साथ उन अमूल्य पलों को नहीं बाँटा, तो मैं स्वार्थी कहलाऊँगी। हो सकता है कि इस लेख को पढ़ने से ही, किसी दूसरे को नए साल का उपहार मिल जाए। आप सबके लिए:

हम पश्चिमवासी अक्सर निरर्थक परियोजनाओं में अपना जीवन बिता देते हैं। हमारे जैसा आविष्कारक या निर्माता कोई नहीं, लेकिन हम तनाव और उत्तेजना के शिकार हैं। जैसा कि हमारे एक कवि ने कहा भी है, "इन शानदार शहरों को बनाकर क्या होगा अगर हम मनुष्य को ही न सँवार सकें।" जब तक हम शांत व सहज भाव से, जीवन की परिधि में लगातार घूमते मस्तिष्क को विश्राम नहीं देंगे, सच्ची प्रबुद्धता की आशा बहुत कम रह जाती है।

दुख व कष्टों से मुक्ति पाना ही, मनुष्य के जीवन की सबसे बड़ी समस्या है। जब तक हम दुखों के मूल, इंद्रियों की वासना से ऊपर नहीं उठेंगे, तब तक हम उनके गुलाम बने रहेंगे। हमें बस अपने रवैए में बदलाव लाना होगा और यह बदलाव अभ्यास से आएगा।

मैंने चर्च के बाहर लिखा एक वाक्य पढ़ा—

'जीवन एक परिवर्तन है, वृद्धि वैकल्पिक है, सोच समझ कर ही चुनें।'

'कारेन कैसर क्लार्क'

इसे ही ज्ञान के सच्चे मोती बनाकर अपने साथ रखें, इसे जानकारी के बनावटी अंबार में न डालें। ये कुछ उस तरह के मोती हैं जो जितने पहने जाएँ, उतना चमकते हैं, जितना बाँटते हैं, हमारे पास उससे अधिक आ जाते हैं।

भगवान करे कि हम पूरा वर्ष इसी तरह चमकते रहें।

❑

34

हमारी ताकत

अपनी ड्यूटी व यात्राओं के कारण ही मैं पाठकों के साथ रोचक विवरण बाँट पाई हूँ। मुझे लगता है कि आप लोगों को भी ये विवरण उतने ही रोचक व ज्ञानप्रद लगते होंगे।

हाल ही में, मैंने ऐसी ही एक यात्रा की। उस देश की जनसंख्या आकार की तुलना में काफी कम है। यह सुंदर, ठंडा व समृद्ध देश है। साल में कई सप्ताह, इसके निवासी 'स्थिर सूर्य' या हमेशा चमकते सितारों की छाँव में रहते हैं।

कह सकते हैं कि वहाँ कुछ समय के लिए या तो 24 घंटे दिन रहता है या फिर रात! उन्हें अपनी बॉडी क्लाक के हिसाब से नहीं बल्कि अलार्म की मदद से सोना–जागना होता है। एक आदमी ने मुझसे कहा "हम घड़ी में देखते रहते हैं, जब सोने का समय हो जाता है तो कमरों में काले पर्दे खींच देते हैं व अपने आपको सोने के लिए कहते हैं और यह तरीका हमेशा काम नहीं आता।"

हमारे देश से इसकी तुलना करें। यहाँ पक्षियों की चहचहाहट, मच्छर और चींटियों के डंक, ट्रैफिक का शोर, फेरीवालों की आवाजें व भगवान जी के घर से आती आवाजें (मंदिर, मस्जिद, गुरुद्वारे व चर्च, हमारे पड़ोस के) हमें जगाती हैं। पूरे दिन की गर्मी और थकान हमें कहीं भी सोने को मजबूर करती है। जिस तरह सूर्य की किरणें स्वाभाविक रूप से आती हैं उसी तरह अंधेरी रात का तोहफा भी अपने–आप आता है। हालांकि यह उन लोगों के लिए नहीं है, जिनके पास न सोने के अपने कारण हैं या कुछ कारण उनके बस के बाहर हैं। प्रकृति एक समान रूप से सबको बाँटती है। प्रकृति के अनमोल तोहफों की कद्र करने वाले ही उसे पाते हैं।

मैं एक डिनर पार्टी में, वहाँ के युवाओं पर चर्चा कर रही थी। राज्य बारहवीं पास युवाओं को किस तरह वाजिब आर्थिक सहायता देता है। इस बात ने मुझे हैरानी में डाल दिया। वहाँ युवाओं को अपनी शिक्षा के लिए निश्चित समय के लिए कुछ धनराशि दी जाती है।

> **!** हमें अपनी ताकत के बल पर खड़ा होना होगा साथ ही सारी बुराइयां भी मिटानी होंगी। **!**

इस तरह, यदि वे चाहें तो माता–पिता से अलग रहने लायक भी हो जाते हैं। यदि वे आजादी पाने व अपने पैरों पर खड़े होने के लिए घर से निकलना चाहें तो थोड़ी अधिक राशि मिलती है।

उनमें से कुछ लोग क्या करते हैं? वे लोग अपने साथियों के साथ लिव इन रिलेशनशिप में रहते हैं व कोई पढ़ाई नहीं करते। वे दोनों अपने पैसे मिलाकर, आसानी से मजे उड़ाते हैं। वहाँ डूबने से आत्महत्या व हत्या के कई मामले भी सामने आए हैं। उनमें से कुछ, शराब में धुत्त होने के बाद समुद्र में चले जाते हैं। वहाँ आत्महत्या दर, शायद दुनिया में सबसे अधिक है। अकेलापन, काम न करना, तनाव, काली या सफेद रातें, सब मिलकर इन युवाओं की भरपूर क्षमता सामने ही नहीं आने देते।

शादी के मुद्दे पर भी चौंकाने वाले तथ्य सामने आए। ज्यादातर युवा अब विवाह संस्था में विश्वास नहीं रखते। मेरे मेजबान ने ऐसी दो घटनाएँ सुनाईं, जो मेरे दिलो–दिमाग में बस गईं। उसने बताया कि जब वह मेहमानों से मिल रहा था तो उसने बड़े आदर से पूछा–"आपका जोड़ीदार कहाँ है?" जवाब मिला–"मेरी तीन पीढ़ियों में से किसी ने शादी नहीं की।"

दूसरे मामले में, जब उसने यही सवाल किसी और से पूछा तो जवाब मिला, "आप किस साथी की बात कर रहे हैं? मेरे परिवार में पिछली चार पीढ़ियों से कोई तलाक नहीं हुआ और मैंने भी बड़ा सोच–विचार कर अपना जोड़ीदार चुना है।"

मुझे यह भी बताया गया कि जिस तरह हमारे देश में हर जगह पिता का नाम दिया जाता है, उसी तरह वहाँ माँ का नाम देना भी जरूरी है। मुझे भी देश में दाखिल होने से पहले, एयरपोर्ट के फार्म पर माँ का नाम भरना पड़ा। मुझे अच्छा लगा लेकिन इससे क्या फायदा। यह तो दोनों ओर ही अति है।

उसी शाम मैंने वहाँ रहने वाले कुछ भारतीयों से मुलाकात की वे वहाँ अपने साथी नहीं, जोड़ीदारों के साथ थे। मुझे थोड़ा चैन मिला। मैं अब भी एक पारंपरिक भारतीय हूँ, जहाँ पारिवारिक मूल्यों को काफी अहमियत दी जाती है। लेकिन कब तक...

और हमें करना चाहिए? मुझे तो इतना पता है कि जिस घर में मैं पली–बढ़ी, यदि मुझे वह न मिला होता तो मैं आज जहाँ हूँ, वहाँ तक कभी न पहुँच पाती और मेरा मानना है कि यह और कई लोगों पर भी लागू होता है।

हमें अपनी ताकत के बल पर खड़ा होना होगा। साथ ही सारी बुराईयाँ भी मिटानी होंगी। पश्चिम हमारे कुछ मूल्य अपनाना तो है लेकिन उन्हें अब पूरी तरह से सांस्कृतिक बदलाव लाना होगा, जो शायद काफी मुश्किल और असंभव है। ❑

35

जीवन के वरदान

यह शाम शुद्धता, सादगी व अखंडता के नाम थी। मुझे वाशिंगटन डी.सी. चिन्मय मिशन के वार्षिक समारोह में, स्पीकर के तौर पर बुलाया गया था। दरअसल, यह बड़े रोचक तरीके से कारण और प्रभाव का मामला था। कुछ समय पहले, मैं मैरीलैंड विश्वविद्यालय के छात्रों के साथ थी, जहाँ मेरी मुलाकात, चिन्मय मिशन के सैक्रेटरी श्री एस. बालन से हुई, वे लाल बहादुर शास्त्री जी के निकट सहयोगी भी रह चुके हैं। उन्होंने मुझसे पूछा कि क्या मैं उनके वार्षिक समारोह में आ पाऊँगी।

मैंने हामी भर दी। मैंने अपने अनुभवों से लगातार देखा कि किस तरह सभी घटनाएँ एक–दूसरे से जुड़ी रहती हैं। एक घटना, दूसरी का नेतृत्व करती है। कोई जहाँ भी है, उसके पीछे एक कारण है! या फिर वह प्रभाव से भविष्य के लिए कारण गढ़ता है? इन प्रश्नों के उत्तर हमारे लिए रहस्य ही रह जाते हैं।

हॉल अमरीकी भारतीयों से खचाखच भरा था। उनके बच्चे अमरीकन अंग्रेजी बोल रहे थे। वे सब मिशन से किसी न किसी तरह से आध्यात्मिक रूप से जुड़े थे। माता–पिता और बच्चे, चिन्मय मिशन में सेवक होने के साथ–साथ छात्र भी थे। मैंने दूरी से देखा, मचं पर बैठे कुछ छात्र शुद्ध संस्कृत नें मंत्रोच्चारण कर रहे थे।

मैं समय से थोड़ा पहले ही पहुँच गई थी। जब मैं मंच के पास पहुँची तो देखा कि एक तीस वर्षीय स्वामी जी, बच्चों को मंत्रोच्चारण सिखा रहे थे। मुझे उनसे मिलवाया गया। वे स्वामी चिन्मयानंद जी के शिष्य तथा वाशिंगटन में चिन्मय मिशन के वर्तमान प्रमुख स्वामी धीरानंद जी थे। वे काफी शिक्षित थे और घमंड का नामोनिशान तक नहीं था। वे उन लोगों में से हैं, जो लंबे, नीरस आध्यात्मिक भाषण देने की बजाए, छोटे, सटीक व शक्तिशाली आध्यात्मिक संदेश देने में विश्वास रखते हैं।

मैं मानती हूँ कि हमारे जीवन की अनेक घटनाएँ किसी कारण से शरू होती हैं और प्रभाव छोड़ती हैं। पता नहीं कि इनमें से पहले कौन आता है। मैं इसे विद्वान आध्यात्मिक गुरुओं पर छोड़ती हूँ, वे ही इस विषय में बताएँ लेकिन स्वामी जी से मेरे परिचय के दौरान, मेरे सामने एक बार फिर इसका प्रमाण आ गया।

जिस व्यक्ति ने मुझे उनसे मिलवाया था, उसने दोहराया कि मैंने पिछली मुलाकात में छात्रों से क्या कहा था। मुझे यह जानकर प्रसन्नता हुई कि पिछले शब्दों ने अपना प्रभाव छोड़ा था। उन्होंने कहा–"पिछली बार आपने हमें तीन क्यू (1) इंटैलीजेंस कोशैंट (I.Q.) (2) इमोशनल कोशैंट (E.Q.) (3) स्पीरिचुअल कोशैंट (S.Q.) के बारे में बताया था, जिसे हम भूले नहीं हैं। हमने आपसे ऐसा ही कुछ सुनने के लिए, आपको यहाँ बुलाया है।"

छात्रों से मेरी पिछली मुलाकात ही, इस मुलाकात का कारण बन गई थी। मैंने बोलने का वही तरीका चुना, जो श्रोताओं को समझने व याद रखने में आसान लगे। इस बार मैंने पाँच 'पी' की ताकत के बारे में बताया। मेरे लिए वे हैं–पेस (गति), प्रीपरेशन (तैयारी), प्लानिंग (योजना), परपज़ (उद्देश्य), प्रीवेंशन (बचाव)। प्रत्येक 'पी' जीवन का स्पष्ट व शक्तिशाली संदेश देता है।

मैंने पहले 'पेस' से शुरुआत की–मेरा उससे मतलब है कि जीवन लगातार गतिमान है, परिवर्तन ही नियम है। यह चुनाव हमारा है कि हम इसके साथ दौड़ेंगे या बुद्धि तथा विवेक के साथ चलना चाहेंगे।

प्रीपरेशन :– आपको पता होना चाहिए कि समय किसी का इंतजार नहीं करता, हम बच्चे से युवा और फिर वृद्ध हो जाते हैं। इन हकीकतों को जानने के बावजूद हम इनके लिए क्या तैयारी करते हैं? मेरा अभिप्राय मानसिक व आध्यात्मिक तैयारी से है।

प्लानिंग :– हमें अपने चुने हुए रास्ते पर चलना होगा। हमारे पास कई निजी या व्यावसायिक विकल्प हो सकते हैं। क्या हम अपने लक्ष्यों तक पहुँचने के लिए सही रास्ते का चुनाव करते हैं?

परपज़ :– हम जीवन के उद्देश्य के रूप में क्या देखते हैं? जो हमारे पास अतिरिक्त है, उसका हम क्या करते हैं? हम इसका दुरुपयोग करते हैं या सदुपयोग? क्या हम परस्पर बाँटने में विश्वास रखते हैं या हमारा जीवन 'मैं और मेरा' के स्वार्थ में बीत जाता है?

प्रीवेंशन :– क्या हम समस्या को बुलावा देते हैं या उससे बचाव करते हैं? अध्ययनों से पता चला है कि जीवन की सौ दुखद घटनाओं में से केवल दस ही

प्रकृति की ओर से आती हैं। बाकी नब्बे घटनाएँ हमारी ही वजह से घटती हैं। क्या हम 90/10 के इस नियन को जानते हैं।

> पाँच पी-पेस, प्रीपरेशन, प्लानिंग, परपज़, प्रीवेंशन जीवन का स्पष्ट और शक्तिशाली संदेश देते हैं।

प्रश्नोत्तर सत्र में 'पी' से 'प्राणायाम और प्रेयर (प्रार्थना)' शब्द भी सामने आए। श्रोताओं में 'पी' शब्द के माध्यम से मेरा संदेश पहुँच गया था। मैं नहीं जानती कि क्या यही ताकत, अगले निमंत्रण का कारण बनेगी लेकिन मेरे लिए यह एक यादगार आध्यात्मिक शाम रही। मैं भरपूर लौटी! मेरे साथ कई ऑडियो टेप और स्वामी जी की पुस्तक 'आर्ट ऑफ मैन वर्किंग' भी थी। यह उन्हें जरूर पढ़नी चाहिए जो अपने–आपको कुछ बनाना चाहते हैं।

यह कारण का प्रभाव था या प्रभाव का कारण? मैं इस पहेली को सुलझाने की कोशिश करती रहूँगी।

❑

36

प्रार्थना की शक्ति

मैंने रेडियो पर सुना कि अमेरिका के कार्पोरेट ऑफिसों में 'फेथ' को प्रबंधन साधन के रूप में प्रयोग किया जाने लगा है। मैं घंटी की आवाज से सावधान हो गई। मैंने पूरे ध्यान से रिपोर्ट सुनी। उद्घोषक ने बताया कि किस तरह कर्मचारी प्रार्थना से दिन का आरंभ करते हैं और किस तरह उन्हें पूरे दिन के लिए मूल्यों पर आधारित संदेश मिलते हैं, उन्हें समूहों में इनके अर्थों पर चर्चा के लिए प्रोत्साहित किया जाता है और किस तरह एक व्यक्ति ने जब इन अभ्यासों को अपने कार्यक्षेत्र में लागू किया, तो वह निर्धन से धनी हो गया।

मैंने 1993 में दिल्ली के तिहाड़ जेल में मिली अपनी नई नौकरी को याद किया। जब मैंने जेल में पहली बार कदम रखा, कैदी काफी उत्सुक थे। मैं उनसे कैसे पेश आने वाली थी? क्या मैं काफी सजा दूँगी? क्या मैं महिलाओं के प्रति अपराध करने वालों से बदला लूँगी? चारों ओर कई तरह की अफवाहें थीं। जेल के स्टाफ ने भी कुछ अफवाहें फैलाई थीं।

लेकिन जब मैंने कदम रखा तो कुछ अलग ही हुआ। मुझ पर एक अलग सा भाव छा गया। मैं उन कैदियों के पास गई जो अदालत जाने की प्रतीक्षा कर रहे थे। मुझे देखते ही वे संभल गए। स्टाफ ने भी उन्हें पीछे धकेलने की कोशिश की, उन्हें लगा कि सुरक्षा कारणों से ऐसा करना जरूरी था। मुझे खतरा हो सकता था पर मैंने उनसे कहा कि वे किसी से कुछ न कहें। मैं कैदियों से मिलना चाहती थी।

> ! प्रार्थना शुद्धि करती है, सबको बांधती है, संबंध जोड़ती है, सामंजस्य बढ़ाती है और प्यार भी बढ़ाती है। !

लेकिन मैं क्या कहती? मैं कैसे बातचीत शुरु करती? क्या मैं कहती, "आप कैसे हैं? आप जेल में कैसे आए?" यह तो बात करने का काफी गलत तरीका होता। मैंने सीधा उनकी आँखों में झाँका... मैंने उनसे पूछा, "क्या आप प्रार्थना करते हैं?" उन्होंने उत्तर नहीं दिया। मैंने दोबारा पूछा, "क्या आप प्रार्थना करते हैं?" वे फिर चुप रहे। शायद उन्हें भरोसा नहीं हो रहा था कि एक इंस्पैक्टर जनरल ऑफ पुलिस और वह भी एक महिला, उनसे इतना निजी सवाल पूछ सकती है।

मैंने फिर पूछा, "क्या आप प्रार्थना करते हैं?" कुछ लोगों ने हामी भरी और कुछ एक–दूसरे को कनखियों से निहारने लगे कि उन्हें क्या कहना चाहिए। फिर मैंने पूछा, "क्या आप मेरे साथ प्रार्थना करेंगे?" वे कुछ नहीं बोले तो मैंने और पास जाकर कहा, "आइए, एक साथ गाएँ। ऐ मालिक तेरे बंदे हम, ऐसे हों हमारे कदम..." मैंने उन्हें हाथ जोड़ते व आँखें बंद करते देखा और हम सबने एक साथ गाया।

मैंने भी आँखें बंद कीं और पूरे दिल से यह गीत गाया। मैंने आँखें खोलीं तो उनके खाली व भावहीन चेहरों पर एक शांतिपूर्ण भाव दिखाई दिया। उनमें से कुछ तो मुस्कुरा भी रहे थे। यह प्रार्थना की शक्ति थी जिसने मेरे और उस मुश्किल माने जाने वाले समूह के बीच की दीवारें गिरा दीं। दूसरों की शांति भंग करने वाले, शांति पाने के लिए तरस रहे थे। मुझे जल्दी ही इस सच्चाई का एहसास हो गया कि एक महिला व पुरुषों के एक वर्ग (जिसे महिलाओं से कोई सहानुभूति नहीं थी) के बीच संवाद का पुल बनाने के लिए प्रार्थना शुद्ध व प्राकृतिक तरीका थी। उन्हें भी अपने भीतर एक नया बदलाव लाने के लिए इसी तरह के आत्मनिरीक्षण की आवश्यकता थी।

इस अभ्यास की निरंतरता काम आई... जेल तंत्र में दंगे होने बंद हो गए। नशीली दवाओं के सेवन की मात्रा घटी, धूम्रपान के मामलों में कमी आई, आपसी क्लेश घटने लगे। अनेक स्वयंसेवी संगठनों व स्वयंसेवकों ने आध्यात्मिक कोर्सों के साथ शैक्षिक कार्यक्रम भी चलाए। इनमें से विपश्यना ध्यान कार्यक्रम उल्लेखनीय रहा

जिसमें एक हजार से भी ज्यादा कैदियों ने भाग लिया। यह सब कुछ एक ही प्रश्न के बाद संभव हुआ, "क्या आप प्रार्थना करते हैं?"

ऐसा उपहार कहीं भी काम आ सकता है। प्रार्थना शुद्धि करती है। यह सबको बाँधती है। संबंध जोड़ती है। सामंजस्य बढ़ाती है। प्यार बढ़ाती है। जिस भी कार्यस्थल पर सामंजस्य सहयोग, टीम भावना होंगे, वहाँ शांति व आनंद अपने आप आ जाएँगे। जहाँ आनंद होगा, वहाँ उत्पादकता और समृद्धि की कमी नहीं रहेगी। इसे अपने साथ भी आजमाएँ फिर हर दिन इसी के साथ ही जीएँ।

❑

37

बांटने की संस्कृति

एक दिन मैंने ऑफिस में अपने सहकर्मियों में से एक को बात करते सुना, "जब मैं घर जाता हूँ और खाने को कुछ नहीं मिलता, तो मैं बाजार से कुछ ले आता हूँ।"

मैंने हैरानी से पूछा, "क्यों, खाना कहाँ चला जाता है?"

उसने कहा, "सब खा लेते हैं तो खत्म हो जाता है।"

मैंने पूछा, "कौन खा लेते हैं?"

"मेरे बच्चे और बाकी सब...", उसने जवाब दिया।

"बाकी सब से तुम्हारा मतलब?" मैंने पूछा।

"बाकी सब, मतलब हमारे रिश्तेदार, जो भी घर आएँ या फिर कोई दोस्त या पड़ोसी", उसने कहा।

"यह तो गलत बात है" मैंने कहा।

"नहीं, हमारे यहाँ तो ऐसा ही होता है", उसने कहा।

मैंने कहा, "वाह! मैं तो मान ही नहीं सकती कि आज भी कहीं बाँटने की संस्कृति मौजूद होगी।"

तभी वहाँ दूसरा सहकर्मी आ गया, जो पहले बातचीत कर रहा था।

"किरण! आप जानती हैं कि एक्स (बदला हुआ नाम) के कितने भाई–बहन हैं?" उसने मुझसे पूछा।

मैंने उसकी ओर देखा क्योंकि मैं कोई अंदाज नहीं लगाना चाहती थी। जब मैं थोड़ा हिचकिचा गई तो एक्स ने कहा, "बीस से भी ज्यादा।"

"हे भगवान! तुम्हारी बेचारी माँ..." मेरे मुख से यही निकला।

फिर मैंने पूछा, "वे एक ही माँ से हैं या...?"

उसने जवाब दिया, "वे दो माताओं की संतानें हैं।"

मैंने कहा, "इसमें कोई हर्ज नहीं, पर मैं इस बारे में कुछ और जानना चाहूँगी।" अगले दिन मैंने एक्स के पास जाकर कहा कि क्या वह अपनी इस बाँटने की संस्कृति के बारे में हमें कुछ बताना चाहेगा। उसने कहा कि उसे कोई आपत्ति नहीं है। मैंने कहा कि वह अपने बीस भाई–बहनों के बारे में बताना शुरु करे... और किस तरह जब उसे घर जाकर भोजन नहीं मिलता, तो वह नाराज होने की बजाए बाजार से खाने को कुछ ले आता है, ऐसा क्यों है? उसे इतना धीरज कहाँ मिला? उसे यह किसने सिखाया? यह शिक्षा घर में मिली या स्कूल में या उसके माता–पिता ने यह सीख दी।?

उसने कहा, "हमारी संस्कृति में तो भोजन होता ही बाँटने के लिए है। हमारे घर जो भी आता है, उसे खाना ही पड़ता है। इससे पहले कि हम भोजन करें, वे हमारे मेहमानों व प्रियजन को परोसा जाता है। यदि कोई चाहे तो अपने घर भी भोजन ले जा सकता है। उसे कभी कोई न नहीं कहेगा।"

इसी बात को स्पष्ट करने के लिए उसने अपने बचपन की एक घटना सुनाई। उसने कहा, "एक दिन मैं कुछ दोस्तों के साथ स्कूल से लौटा ताकि हम मिल कर गणित का गृहकार्य कर सकें।" पढ़ते समय मैंने देखा कि एक दोस्त अच्छी तरह पढ़ नहीं पा रहा था। मैंने उससे कारण पूछा तो वह बोला कि उसे भूख लगी है। उसे घर में कभी पेट भर भोजन नहीं मिलता। मैंने अपनी माँ को यह सब बताया तो उन्होंने उसे घर ले जाने के लिए काफी भोजन दिया।

जब मिडिल स्कूल की पढ़ाई खत्म हुई, तो हमारा हाई स्कूल दोस्त के घर से काफी दूर था। उसने मुझसे पूछा कि क्या वह पढ़ाई पूरी करने के लिए मेरे घर रह सकता है। मैंने माँ से पूछा तो उन्होंन हामी भर दी। फिर दोस्त ने कहा कि वह अकेला नहीं, उसके भाई को भी ऐसी ही मदद चाहिए। तब माँ ने कहा कि उन्हें मेरे पिता से पूछना होगा। उन्होंने पूछा तो पिताजी ने आज्ञा दे दी। अगले ही दिन वे दो गद्दे खरीद लाए। मेरे दोनों दोस्त हाई स्कूल की पढ़ाई पूरी करने तक मेरे घर ही रहे। आज उनमें से एक अध्यापक है तथा दूसरा इंजीनियर।

एक्स ने कहा कि उसके देश में स्कूली व उच्च शिक्षा निःशुल्क है इसलिए सिर्फ भोजन की कमी रह जाती है। वह अफ्रीका में रहता है।

एक्स ने कहा, "यहाँ तक कि आज भी हमारे देश व समाज में बाँटने की संस्कृति का चलन है। उसने बताया कि वह अपने रिश्ते के भाई–भतीजों की फीस अदा करता

है।" पूछने पर उसने बताया कि अगर उसके पास कुछ है तो वह बाँटने के लिए ही है, तभी वे लोग मिलकर जीवित रह पाए हैं।"

> ! अगर मेरे पास कुछ है तो वह बांटने के लिए ही है। !

इन बातों ने मुझे सोचने पर मजबूर कर दिया। हम सब मानव विकास के बारे में पढ़ते हैं। वे क्या हैं? मानव विकास के इस अद्‌भुत इंडेक्स को कौन मापता है? ये सबसे ज्यादा कहाँ होते हैं? शायद उन देशों में, जो गरीबी की रेखा से भी नीचे हैं या फिर किसके द्वारा तय किए गए स्तरों के हिसाब से? शायद भूखे नहीं, भरपेट लोगों द्वारा या फिर जरूरत से ज्यादा खाने वालों द्वारा। ❑

38

एक आम आदमी...

जब तक हम वी.आई.पी. के खोल से बाहर नहीं आते, हम हकीकत को उसके असली रूप में नहीं देख सकते। यह इस बात पर भी निर्भर करता है कि कोई व्यक्ति अलग तरह के अनुभव से कैसे पेश आता है। क्या कोई इससे कुछ समझने व जनता की भलाई के लिए कुछ बेहतर करने की योजना बनाता है या फिर अपने ही में लौटने को तत्पर हो जाता है?

मैं किसी देश के ड्यूटी ट्रिप पर थी। मेजबान ने इलैक्ट्रॉनिक तरीके से टिकटें भेजी थीं। मैं समय से तीन घंटे पहले एयरपोर्ट पहुँच गई। चेक–इन काउंटर तक पहुँचने वाली लाइन में खड़े–खड़े दो घंटे बीत गए। मैंने अपने कंप्यूटर प्रिंटआउट पेश किये, जिसमें मेरी बुकिंग का विवरण था। वहाँ खड़ी महिला दस मिनट तक मेरे कागज उलट–पुलट करती रही, फिर अपना कंप्यूटर देखने के बाद बोली, "उनके पास मेरे लिए कोई निर्देश नहीं है।" मैंने कहा, "मुझे यह लिखित रूप में दे दें।" वह अपने सुपरवाइजर के पास चली गई। लौटकर उसने मुझे दूसरे टिकट काउंटर पर भेज दिया। मैं उस दूसरी लाइन में भी पंद्रह मिनट खड़ी रही। तभी मैंने अचानक सुना कि कोई मेरा नाम पुकार रहा था मुझे हैरानी इस बात की हुई कि यह आवाज इस काउंटर से नहीं आई थी। मुझे आगे के लिए सारे टिकट और बोर्डिंग पास दिए गए।

मुझे जिस उड़ान के लिए बुक किया गया था, उसे कोई दूसरी एयरलाइन चलाती थी लेकिन यात्रियों को इस बारे में पता नहीं था। तभी तो असली बुकिंग से मेरी एयरलाइन का नाम और टिकट नंबर पूरी तरह अलग थे। मुझे नहीं पता कि यह बदलाव पहली नजर में ही सामने क्यों नहीं आ सका, यात्री यह

जानने का हक तो रखते हैं कि उन्हें किसके सुपुर्द किया जा रहा है।

> आम आदमी की तरह सब कुछ सहने का भी अपना मजा है।

मैं बोर्ड पर थी। मुझे बीच की सीट मिली। रात के भोजन का समय था। हालांकि मैं भोजन के बारे में पहले से सूचना दे चुकी थी लेकिन इसके बावजूद वहाँ मेरे खाने के लिए कुछ नहीं था वहाँ बीफ और सालमन ही परोसा जा रहा था।

आधी रात के बाद मुझे दूसरे जहाज से उड़ान भरनी थी। उस एयरपोर्ट के टी.वी. स्क्रीन ने बताया कि मेरी अगली उड़ान दूसरे टर्मिनल से थी। मैं आधे घंटे बाद वाली उस उड़ान के लिए भागी। रास्ते में इमीग्रेशन डेस्क पर मैंने अपना आई–कार्ड दिखाया। मुझे कहा गया कि मैं आगे नहीं जा सकती, मुझे वहीं रहना होगा, जहाँ मैं थी। मैंने पूछा, "क्यों?" उन्होंने कहा कि मैं जिस देश में उतरी थी या जिस देश में जा रही थी, मेरे पास वहाँ के लिए वीजा नहीं था। मैंने कहा, "लेकिन यहाँ तो मैं यात्रा के दौरान रुकी हूँ इसलिए वीजा की क्या जरूरत है, रही उस देश की बात, जहाँ जाना है, तो वहाँ के लिए मैंने न्यूयॉर्क से ही बोर्डिंग पास ले लिए थे, जहाँ से मैंने यात्रा शुरु की थी।"

मुझे बताया गया था कि मेरा आधिकारिक पासपोर्ट उस देश के लिए वैध था। अगर ऐसी ही बात थी, तो मुझे वहीं से बैठने को मना करना चाहिए था। उन्होंने कहा कि उन्हें इस बात से कोई लेना–देना नहीं है। मुझे बाद में पता चला कि यह निर्माण की वजह से टर्मिनल बदला गया था।

मैंने उन्हें समझाने की कोशिश की, पर कोई फायदा नहीं हुआ। मैंने मदद माँगी तो वहाँ कोई नहीं था। हर कोई व्यस्त था, वह मुझे दूसरे व्यक्ति की ओर संकेत कर देता और इस तरह मैं घूमकर वहीं पहले व्यक्ति के पास पहुँच जाती। तब मेरे सब्र का बाँध टूट गया। मेरी फ्लाइट निकल चुकी थी और इससे उन लोगों को कोई फर्क नहीं पड़ता था। मैंने कुछ पुलिसवालों को देखा। मैंने उनसे जाकर मदद माँगी और बताया कि मैं कौन हूँ।

इससे थोड़ा फर्क पड़ा पर कुछ खास नहीं। बस एक पुलिस वाला मेरे साथ एयरलाइन काउंटर तक आ गया। अब बस उसी एयरलाइन की बारी थी, जिसके साथ यात्रा करके मैं वहाँ तक पहुँची थी। उन्होंने मुझे वहाँ से जल्दी भेजने की जिम्मेदारी लेने से इंकार कर दिया। उनके पास मेरे किसी भी सवाल का जवाब नहीं था।

उन्होंने इतना ही कहा कि सभी उड़ानें पूरी बुक थीं और वापसी के लिए भी मेरा नाम वेटिंग लिस्ट में ही डल सकता था। मैंने पूछा, "कितनी देर तक?" उन्होंने कहा, "कुछ पक्का नहीं कह सकते।" फिर उन्होंने कहा कि मैं लाइन से हट जाऊँ ताकि दूसरे यात्री आगे आ सके। अब मैंने उनसे कहा कि बहुत हो गया। मैंने कहा कि अगर किसी की गलती है तो वह उनकी एयरलाइन या टर्मिनल सिस्टम की है; अगर उन्होंने मुझे उसी समय वापसी की सीट नहीं दी तो मैं उन पर दोहरा मुकदमा करूँगी। मैंने पुलिसवाले से उसका नाम पूछा क्योंकि मैंने सोचा कि उसे गवाह बनाया जा सकता है। उसने कहा कि वह अपना नाम नहीं बता सकता। मैं एक तथाकथित विकसित देश में थी। मैं उसे बताना चाहती थी कि हमारे देश में पुलिसवालों के नाम उनकी वर्दी पर होते हैं ताकि पर्यटक चश्मा लगाए बिना, वे नाम साफ-साफ पढ़ सकें। और मैं उसी एयरलाइन पर, भूखी-प्यासी खड़ी थी। मैंने सबक लिया कि अगर कोई अजनबी मदद माँगे तो हमें उसकी मदद करनी चाहिए ताकि वह सारी जिंदगी हमारे देश को कोसने की बजाए हमें याद रखे लेकिन एक वी.आई.पी. को ऐसे अनुभव कैसे हो सकते हैं? आम आदमी की तरह सब कुछ सहने का भी अपना मजा है। यह हावर्ड विश्वविद्यालय की तुलना में संवेदनाएँ निखारने का बेहतर अवसर हो सकता है।

❑

39

अलविदा संयुक्त राष्ट्र... अभी के लिए

मैंने संयुक्त राष्ट्र के साथ दो वर्ष बिताए, अब मुझे एहसास हो रहा है कि समय कितनी तेजी से बीत गया। जिन दिनों मैं न्यूयॉर्क में थी तो समय काटे नहीं कटता क्योंकि मुझे घर की बेहद याद सताती थी लेकिन आज जब मुड़कर देखती हूँ तो लगता है कि दिन काफी तेजी से बीते! लेकिन... अब कुछ समय के लिए.. मैं अपना अधूरा काम छोड़कर जा रही हूँ।

तेजी से बदलता समय और हालात कभी इजाजत ही नही देते। क्या यह सब पहले से तय है? क्या प्रकृति का नियम है कि एक जीवन में सभी काम पूरे नहीं हो पाते?

हमारा यह जीवन कभी पर्याप्त नहीं होता। मेरा अपना अनुभव और अध्ययन तो यही कहता है कि कुछ भी पूरी संतुष्टि के साथ पूरा करने के लिए यह जीवन पर्याप्त नहीं है। मैंने अपनी माँ की मृत्यु के समय इसे महसूस किया है। जितना करते हैं, उतना ही करना बाकी रह जाता है। शायद यही अधूरा काम पूरा करने के लिए हम वापिस लौटते हैं। क्या हर बार पहले से भी ज्यादा अधूरा काम नहीं छोड़ जाते?

जब मैं छोटी थी तो मेरी अध्यापिकाओं ने बताया था कि छोड़ा हुआ गृहकार्य पूरा करने के लिए अगले जन्म में दोबारा आना पड़ता है। इसी डर के मारे हम अपना गृहकार्य पूरा कर लेते थे। तब मैं छोटी थी और अध्यापिका से डरती थी। अब मैं खुद एक अध्यापिका हूँ। अब मैं सोचती हूँ कि मैं जानती हूँ, मुझे क्या नहीं पता लेकिन मैं जिन्दगी के उन रहस्यों को जानना चाहती हूँ, जिन्हें मैं कभी नहीं जान पाई।

...परंतु एक बात मैं स्वाभाविक रूप से जानती हूँ के मुझे इस जन्म में एक पुलिस अधिकारी के रूप में किए गए पापों की वजह से फिर जन्म लेना होगा। लोगों से राज

उगलवाने के लिए उन्हें हवालात में डालना, भीड़ हटाने के लिए आंसू गैस छोड़ना, बंदी बनाना, गैरकानूनी कामों का भंडाफोड़ करना, इन सब कामों के लिए मैंने पुरस्कार भी लिए। यही नहीं, मैंने लोगों के वाहन तक क्रेन से उठवाए। मैंने अपने मित्रों और गणमान्य व्यक्तियों के गलत जगह पार्क किए गए वाहनों को भी नहीं छोड़ा और कई विशेषण पाए। मुझे 'क्रेन वेदी' कहा जाने लगा।

संयुक्त राष्ट्र में मैंने अपने लिए स्थान बनाने की कला सीखी–अधूरा काम छोड़कर, अगले जन्म में स्थान पाने की कला! यद्यपि मैं मानती हूँ कि भारत में किए गए कार्य अनुभव को ही अपने साथ ले गई थी। मेरा अधूरा काम युद्धनीति की ही एक योजना (बॉस का प्रिय शब्द) है। मैंने सभी रणनीतियाँ सीखीं और उन्हें अधूरे काम के सिद्धांत से जोड़ दिया। दूसरे शब्दों में कहूँ तो पुनर्विस्तारवाद से जोड़ दिया। यदि मैं आपको एक और फायदा गिनाऊँ तो यह कांसेप्ट ऑफ ऑपरेशन (Conops) का निर्माण है। (मेरे विभाग में लोकप्रिय शब्द) कौन कहता है कि हम पुलिस विभाग वाले पर्याप्त योगदान नहीं देते?

मैंने अपने स्कूल के दिनों से ही संयुक्त राष्ट्र का सम्मान करना सीखा है। हम स्कूल–कॉलेज में संयुक्त राष्ट्र दिवस देखते थे। हम महासभा व सुरक्षा परिषद को भी पूरा मान देते थे और अक्सर यू.एन. महासभा के बनावटी सत्र रखते थे। हम महासभा व सुरक्षा परिषद के कर्त्तव्यों व दायित्वों को देख चकित रह जाते थे। हमारे लिए संयुक्त राष्ट्र एक ऐसी संस्था थी जो अपने चार्टर व नियमों के प्रति पूरी तरह प्रतिबद्ध थी। मैं अक्सर एक पर्यटक की तरह यू.एन. जाती और तस्वीरें खिंचवाकर लौट आती। मेरे लिए यहाँ काम करने की कल्पना करना तक नामुमकिन था। यह मेरे लिए विदेशी मामलों से भरपूर रहस्यमयी कूटनीतिपूर्ण संसार था।

मेरे देश ने मुझे यहाँ नौकरी के लिए आवेदन करने को कहा और फ्रांसीसी मूल से आए मेरे बॉस जीन मॉरी ने मुझे अंतर्राष्ट्रीय प्रत्याशियों पैनल में से चुन लिया। यह सचमुच मानवीय दैवीय योजना थी, जिसके लिए मैं इन दोनों की ही आभारी हूँ।

हमारा संयुक्त राष्ट्र सामूहिक शांति व सामंजस्य का मॉडल है। यह सभी राष्ट्रों का घर था। इसे हम विभिन्नता में एकता के जीते–जागते नमूने के तौर पर देख सकते हैं। यह हमेशा निर्धनों व दुर्बलों के लिए आवाज उठाता है। इसकी अभूतपूर्व कार्यक्षमता, किसी भी इतिहासवेत्ता, अध्ययनकर्ता या अभ्यासी के लिए शोध का विषय हो सकती है।

लेकिन काफी संस्थाओं की तरह, यह भी कई तरह के बदलावों से गुजरा है। इसके इतिहास में दो महत्त्वपूर्ण बदलाव आए। 1989 में जब बर्लिन की दीवार गिरी

तो शीत युद्ध का अंत हुआ। दूसरे यू.एस. पर हुए आतंकवादी हमले। नीले झंडे व हेल्मेट के तले मिलने वाली सुरक्षा कमजोर पड़ रही थी। यू.एन. अधिकारी विभिन्न मुद्दों पर, निशाने पर हैं। कई तरह की परेशानियों के कारण एक अंतर्राष्ट्रीय संस्था के रूप में इसकी क्षमता घटी है। संसार के बढ़ते मार्जिनलाइजेशन ने इसकी नींव हिला कर रख दी है।

> ! हम संयुक्त राष्ट्र से जुड़ कर विश्व शांति के लिए प्रतिबद्ध हैं। ऐसे में हमारी सुरक्षा और घरों से दूरी भी मायने नही रखती। !

रोग और गरीबी इसके सामने बुनियादी चुनौतियाँ बनकर उभरे हैं। साथ ही मानवीय सुरक्षा का प्रश्न भी विकराल हो गया है। इन सबसे यू.एन. कैसे पार पाएगा? पूरी दुनिया के नैतिक बल के सामने यह एक कड़ी परीक्षा है। हम संयुक्त राष्ट्र से जुड़कर विश्व शांति के लिए प्रतिबद्ध हैं, ऐसे में हमारी सुरक्षा और घरों से दूरी भी मायने नहीं रखती। हम सब मिलकर विस्थापितों और दुखियारों की मदद के लिए आगे हैं और रहेंगे।

मैं कसम खाती हूँ कि मैं अपने अधूरे काम को पूरा करने के लिए वापिस अवश्य लौटूँगी लेकिन कब? शायद प्रकृति ही एक दिन फिर से मुझे न्यूयॉर्क ले जाएगी, तब मैं उस अधूरे गृहकार्य को पूरा करूँगी, जिसे आज अधूरा छोड़े जा रही हूँ!

❑

40

संयुक्त राष्ट्र में मेरा मिशन

आप संयुक्त राष्ट्र में आ रही हैं। पिछले दो वर्षों के न्यूयार्क प्रवास के दौरान प्रायः छोटी–बड़ी, औपचारिक व अनौपचारिक मुलाकातों में मुझसे यह प्रश्न प्रायः पूछा जाता था। बस श्रोता अलग–अलग होते थे। हालांकि ये प्रश्न किसी एक समूह से नहीं जुड़ा। मैं पाठकों को वही जानकारी देना चाहूंगी जो मैंने सबको दी। भारत में अपना नया पद भार संभालने से पहले, मैं यहां आपसे अपने विचार बांटना चाहती हूं।

हमने पीसकीपिंग में जो काम किया, वह सचमुच मानवीय, प्रभावी, अंतर्राष्ट्रीय तथा पुष्टिकर था। यह काफी प्रभावी तथा चुनौतीपूर्ण भी था। यह मृत्यु व युद्ध को रोक कर शांति व जीवन की ओर लौटने से जुड़ा था। यह उन लोगों के लिए आशा की एक किरण था, जिनके पास संयुक्त राष्ट्र की मदद के सिवा कोई उपाय नहीं बचता था। अलग–अलग देशों व मामलों में अलग तरह की सहायता दी जाती थी।

संयुक्त राष्ट्र का हस्तक्षेप इस बात पर निर्भर करता है कि किसी क्षेत्र में कितना विनाश, नुकसान व हानि हुई है, कितने लोग बेघर हुए हैं या कितनी हिंसा हुई है। उस काम का कितना खर्च आया या कितने लोगों ने काम किया, इसकी जानकारी दस्तावेजों में ही रहती है। तथा असली आंकड़े लोगों तक नहीं पहुंच पाता।

जब मैंने पहली बार देखा कि किस तरह संयुक्त राष्ट्र के झंडे तले करोड़ों लोगों की प्राण रक्षा होती है तो यह अनुभव काफी मर्मस्पर्शी था। हमले की मार और देश निकाले का दंश सहने वाले स्त्री, पुरुष व बच्चे, वहां शरण पाते हैं। मैं आप लोगों के साथ यही सकारात्मक समाचार बांटना चाहूंगी। बुरी खबरों के बीच दी गई अच्छी

खबर, आत्म प्रचार चाहे लगे, लेकिन मैं इसे एक जिम्मेवारी मानती हूं।, मैं आपको बताना चाहती हूं कि किस तरह अंतर्राष्ट्रीय समुदाय, पूरी दुनिया में करोड़ों लोगों की सहायता करती है।

> ! सभी विचारणीय गतिविधियां, मानवजाति के कल्याण के वर्तमान व भविष्य का निवेश है। !

हम यू.एस. में, सिविलियन पुलिस डिवीज़न में; पीसकीपिंग ऑपरेशन विभाग में, इस दुःखी व पीड़ितों की मदद के लिए आगे आते हैं। यह मानवता की सेवा, सुरक्षा व प्राणों की रक्षा से संबंधित है, जहां अंतर्राष्ट्रीय हस्तक्षेप की तत्काल आवश्यकता होती है। एक सामान्य उद्देश्य के लिए सभी मिल कर लड़ते हैं, यू.एस. की ओर से शांति बहाल करने की पूरी कोशिश की जाती है। इस विभाग में मेरी नियुक्ति सिविलियन पुलिस सलाहकार के तौर पर हुई। जब सुरक्षा परिषद इस नतीजे पर पहुंचती है कि कोई देश भीतरी युद्ध, खराब प्रशासन या किसी भी वजह से विनाश की ओर जा रहा है या उसे अंतर्राष्ट्रीय सहायता, हस्तक्षेप, समर्थन की आवश्यकता है तो मेरे विभाग को उस देश के लोगों के बयान की राजनीतियां बनाने व सहायता देने का दायित्व सौंपा जाता है।

मेरे विभाग प्रमुख अंडर सैक्रेट्री जनरल के दो प्रमुख सलाहकार होते हैं : सेना व पुलिस। मेरी टीम में 23 देशों से 25 पुलिस विशेषज्ञ हैं जिन्हें मैं अपने अनुभव देती हूं। हमें दूसरे विभागों के लोगों के साथ मिलकर मूल्यांकन, समझौते, ड्राफ्टिंग, नियोजन, प्रस्तुतीकरण, चयन, नियुक्ति, समर्थन, दौरे व सहयोग प्रदान जैसे कई काम करने हैं।

पुलिस निम्नलिखित देशों में जा चुकी है :– तिमोर लेस्टे, हैवी, कॉंगो, आईवरी कोस्ट, बुरुंडी, सियेरा, लियोन, साइप्रस, कोसवो, जार्जिया, अफगानिस्तान व लिबरिया; इनके अलावा सूडान प्रतीक्षारत है। हमने चयन के बाद, 69 देशों से 6,000 से अधिक पुलिस अधिकारी नियुक्त किए (2004 में)।

हमने क्या किया? हम, यू.एस. पुलिस डिवीज़न, प्रभावित देश की सुरक्षा मांगों के अनुसार नियोजन व मूल्यांकन करते हैं। हमारा उद्देश्य यही होता है कि देश में पुनःनिर्माण हो और वह शीघ्रतापूर्वक अपने पैरों पर खड़ा हो सके। इसका क्या मतलब है? इसका मतलब है कि उन्हें उचित पुलिसिंग संसाधन दिए जाएं ताकि वे टूटे ढांचे को नये सिरे से जोड़ सकें, जो मानवीय पुलिसिंग के अंतर्राष्ट्रीय मापदंडों से मेल जा सके।

मिसाल के तौर पर तिमोर लेस्टे में ढांचों को जोड़ने के लिए नया पुलिस तंत्र बनाने की सलाह दी गई। 'सियेरा लियोन' में हमने देश की राष्ट्रीय पुलिस को, पुलिसिंग के प्रजातंत्रीय मापदंडों का प्रशिक्षण व सलाह देने के लिए विशेषज्ञ पुलिस अधिकारी नियुक्त किए।

ये सब गतिविधियां, मानवजाति के कल्याण के वर्तमान व भविष्य का निवेश हैं। इसके लिए प्रतिवर्ष अंतर्राष्ट्रीय समुदाय पर अरबों डालर का खर्च आता है जो अमूल्य संसाधनों के सहयोग से एकत्र होता है। 'क्या गलत हुआ' यदि दुनिया, इसका पता लगाने के साथ–साथ यह भी पता लगाए कि 'क्या सही हुआ' तो कितना बेहतर हो! वह जान पाएगी कि जरूरत पड़ने पर पीला झंडा न फहराता तो क्या होता?

❑

41

जो बोओगे, सो काटोगे

> जो बोओगे सो काटोगे यही कारण व प्रभाव का नियम है।

यू.एन. में, मेरी हाल ही में रिलीज पुस्तक 'एज़ आई सी...' पर पैनल चर्चा हुई, जिसमें यू.एन. का एन.जी.ओ. सैकशन, नवज्योति दिल्ली पुलिस फाउंडेशन व यू.एन. के चाटर्ड एन.जी.ओ. ने समारोह आयोजित किया था। श्रीमान राशि थरुर, डॉ. हनीफ, पंडित रजमानी और मैं इसके स्वीकार थे। मैं आपके साथ इसी समारोह की कुछ यादें बाँटना चाहूँगी।

पंडित जी ने कहा कि हर मानव जन्म किसी निश्चित व्यक्ति के जन्म का संदेश लाता है, जीवन में दोबारा प्रवेश करता है, यदि कोई इसे समझता है तो वह सिर्फ भले कर्म ही करता है। दूसरे शब्दों में कहें तो हमें पिछले प्रदर्शन में सुधार का अवसर दिया जाता है। हम अतीत की भूलें मिटा तो नहीं सकते लेकिन उन्हें सुधार तो सकते हैं। हमें पूरे संयम के साथ अपने भीतर जगरुकता पैदा करनी होगी। इसे कोई भी मनचाहे तरीके से कर सकता है। फिर पंडित जी ने कहा कि प्रकृति ने किसी भी प्राणी की बजाए केवल मनुष्य को ही ऐसे चुनाव की सुविधा दी है।

उन्होंने विस्तार में जाते हुए कहा कि मानवजाति ही एकमात्र जाति है जो गर्दन सीधी रख के, संतुलित रूप से बैठ सकती है। वह ही पीठ के बल सीधा लेटकर सो सकती है। वही एकमात्र प्राणी है, जो अपनी श्वास नियम्ति कर सकता है। वे इसे रोक सकता है, संकुचित कर सकता है, धीमा कर सकता है, नीचे ले जा सकता है, इसका निरीक्षण कर सकता है, जिस तरह गौतम बुद्ध ने अभ्यास किया व सिखाया।

मनुष्य जाति प्रकृति के अलंघ्य नियमों से भी बंधी है, वह है, 'जो बोओगे, सो काटोगे' यही कारण व प्रभाव का नियम है। यदि हम इंद्रियों का सदुपयोग करें तो प्रकृति उनकी क्षमता बढ़ा देती है, यदि ऐसा न किया जाए तो इंद्रियों की क्षमता घटने लगती है। जब सही मायनों में कोई दूसरे व्यक्ति तक पहुँचना चाहे तो पहले उसे सामने वाले की जरूरतें समझनी चाहिए। बुद्धिमता व करुणा को स्वाभाविक साथियों के रूप में सदा साथ रखना चाहिए। पंडित जी ने गांधी जी की परिस्थितियाँ स्पष्ट करते हुए कहा कि गांधी जी ने चंपारण की निर्धनता में ईश्वर का साक्षात्कार किया। गांधी जी के लिए वे भूखे, बेघर व असहाय दैवी संतान थे। उनकी सेवा ही ईश्वर सेवा का माध्यम थी, तभी उन्हें महात्मा ने दरिद्रनारायण कहा।

शशि जी ने यू.एन. पर रोचक नजरिया पेश किया। उन्होंने एक छोटी सी कहानी सुनाई, जो कोफी अनान की भी प्रिय है। उन्होंने बताया एक मुर्गी और सूअर पूरी दुनिया की भुखमरी पर चर्चा कर रहे थे। वे दोनों काफी चिंतित थे। मुर्गी ने कहा–"दोस्त! यदि हम दोनों चाहें तो दुनिया की भुखमरी की समस्या से निपट सकते हैं।" सूअर ने उत्सुकता से पूछा–"कैसे?" मुर्गी ने कहा–"बहुत आसान है, मैं अंडे दूँगी, तुम माँस देना।" सूअर ने कहा, "यह तो बड़ी अच्छी बात है, लेकिन दोस्त, क्या तुम जानती हो कि तुम्हारे लिए यह एक सहयोग है लेकिन मेरे लिए वचनबद्धता?"

हमारे देश में आज और हमेशा से कई क्षेत्रों में इसी सहयोग व वचनबद्धता की आवश्यकता रही है; जैसे जनसंख्या स्थिरता, एकता, जनता का सहयोग, जानकारी का अधिकार, स्वच्छ व धर्मनिरपेक्ष राजनीतिक नेतृत्व, प्रतिक्रियात्मक सरकार, कानून को मानने वाले जिम्मेवार नागरिक व सबसे अधिक मूल्यों पर आधारित युवा! यह सब प्रदान करना किसी एक की जिम्मेवारी नहीं है। हम सब अकेले या सामूहिक रूप से, इन चुनौतियों को बढ़ा रहे हैं। इन समस्याओं का समाधान हमारे अपने ही हाथों में है। हम अपने–आप से पूछने से ही इसकी शुरुआत कर सकते हैं। जय हिंद!

❑

42

पाठक और मीडिया

आज संपूर्ण मीडिया जगत हिंसात्मक कार्यवाहियों को प्रभावी रूप से प्रमुखता दे रहा है। अखबारों की सुर्खियां और टेलीविजन पर जो कुछ दिखाया जा रहा है, वह न केवल देश के अंधकारमय भविष्य का सूचक है, बल्कि आम आदमी के लिए तो यह मानसिक तनाव और चिंता का विषय भी बनता जा रहा है। आए दिन समाचारों की सुर्खियां रक्तपात व हिंसा की कहानी दोहराती नजर आती हैं। ऐसा लगता है कि जैसे विभिन्न माफिया, आतंकवादियों और उनके समूहों द्वारा की जा रही बर्बरतापूर्ण कार्यवाहियों ने मीडिया में अपना स्थान सुरक्षित कर लिया है।

मीडिया के लिए यह सब लोकप्रियता हासिल करने के साथ–साथ अपने पाठकों अथवा दर्शकों की संख्या बढ़ाने और पैसा उगाहने का साधन भर है, जबकि बेचारा पाठक व दर्शक वर्ग जाने–अनजाने मीडिया जगत की इच्छापूर्ति का साधन बनता रहता है।

वास्तव में यह मेरी चिंता का प्रमुख कारण है। आखिर हम अपने पाठकों व दर्शकों को उनकी रुचि के मुताबिक विकल्प क्यों नहीं दे पा रहे हैं। क्या हमारे पास इसके अतिरिक्त कुछ बचा ही नहीं है। मीडिया में इस तरह की प्राथमिकताओं को निर्धारित करने वाले व ऐसी खबरों को प्रमुखता देने वाले लोग कौन हैं?

हाल ही में मुझे इलैक्ट्रोनिक व प्रिंट मीडिया के साथ हुए अनुभव के दौरान इन प्रश्नों में से कुछ के आंशिक जवाब मिले।

राजस्थान के जयपुर शहर में अयोजित मैगसेसे पुरस्कार समारोह का अवसर था। मैगसेसे फाऊंडेशन ट्रस्टियों द्वारा इस बार का वार्षिक अधिवेशन भारत में आयोजित किया गया था।

इस सभा में बीस से भी अधिक प्रतिष्ठित लोग एकत्रित हुए थे। हो सकता है कि यह आयोजन देश के लिए इतना महत्त्वपूर्ण न हो, लेकिन मीडिया के लिए निःसंदेह यह एक खास आयोजन था। समारोह में मैगसेसे ट्रस्टियों ने मीडिया प्रतिनिधियों को संबोधित किया। साथ ही ट्रस्टियों ने उन्हें इस सम्मान का महत्त्व व इसके चुनाव की प्रक्रिया आदि के विषय में भी बताया।

प्रैस कॉन्फ्रेंस के दौरान मैगसेसे अवार्ड से सम्मानित लोग मौजूद नहीं थे। कुछ समय के बाद फाउंडेशन के अध्यक्ष इस सभा में आए, मैं भी सभा में मौजूद थी। अध्यक्ष महोदय ने सभा में आकर अपने विचार रखते हुए कहा कि यदि समारोह की गतिविधियां सुचारू रूपं से चल रही हैं तो हम मीडिया को इस आयोजन के कुछ विजुअल शॉट लेने की इजाजत दे सकते हैं। हम सभी अध्यक्ष महोदय के इस विचार से सहमत थे, इसलिए किसी ने कोई आपत्ति नहीं की। इस आयोजन में इलैक्ट्रोनिक मीडिया का काम खत्म होते ही वहां मौजूद पत्रकारों ने ट्रस्टियों से कुछ दिलचस्प व महत्त्वपूर्ण जानकारियां हासिल करना चाहीं।

एक राष्ट्रीय दैनिक से आए पत्रकार ने हमसे प्रश्न किया कि *उन लोगों का क्या होगा जो इस सम्मान के अधिक हकदार हैं, लेकिन अभी तक उन्हें यह सम्मान नहीं मिला है?* जवाब हममें से किसी के पास नहीं था और हम सभी बगलें झांकने वाली दशा में थे।

उनके प्रश्नों से हम सभी को लगा कि हममें से कोई भी इस सम्मान का सच्चा हकदार नहीं है। दूसरा प्रश्न कुछ इस तरह था कि *क्या इस सम्मान की चयन प्रक्रिया दुराग्रहपूर्ण और पाश्चात्य या अंग्रेजी ढर्रे की नहीं है?* तीसरे प्रश्न में पूछा गया कि *क्या ये सभी सम्मानित लोग पूरी तरह से पश्चिमी देशों की आर्थिक मदद पर निर्भर हैं?*

चौथा प्रश्न था कि *अफगानिस्तान में जो कुछ हो रहा है क्या उस पर हम विचार–विमर्श नहीं कर रहे हैं?* (इस दौरान ट्रस्टियों की कोशिशें बातचीत को सीमित करने के लिए जारी रहीं) और अंतिम प्रश्न कुछ इस प्रकार था, *'आप केवल विवादास्पद लोगों को ही इस सम्मान के लिए क्यों चुनते हैं?* इस पर ट्रस्टियों ने गंभीरता के साथ उत्तर देते हुए कहा 'शायद इसलिए क्योंकि हमारे विचार से विवादास्पद लोग ही कर्मठ हैं।'

मीडिया के प्रतिनिधियों को आमंत्रित करते समय शायद मैगसेसे पुरस्कार समिति के ट्रस्टियों को यह अनुमान तक नहीं था कि उनसे ऐसे प्रश्न भी किए जा

> आजकल अच्छे कार्यों को समचारों में प्रमुखता नहीं मिलती।

सकते हैं। शायद उन्होंने सोचा होगा कि मैगसेसे पुरस्कार से सम्मनित लोग, क्योंकि विदेशों से आ रहे हैं, अतः मीडिया प्रतिनिधि संभवतः उनके काम से संबंधित प्रश्न ही करेंगे।

वास्तव में हममें से बहुत से सम्मानित लोग ऐसे थे, जिन्होंने काफी छोटे स्तर से अपने प्रयास शुरू किए थे और अपना संपूर्ण जीवन दुनियाभर में निःसहाय लोगों की सहायतार्थ समर्पित कर दिया। दोपहर के भोजन के लिए सभा समाप्त हो गई। तभी एक टेलीविजन मीडिया प्रतिनिधि ने मुझसे प्रश्न किया *आखिर क्यों किसी भी स्वयंसेवी संस्था के काम को अधिक प्रमुखता व सम्मान नहीं मिल पाता?* कैमरा मेरे सामने था, मेरा उत्तर सिर्फ यही था कि यह मीडिया का नजरिया है। मीडिया जिसे सम्मान देता है और जिसे सामने लाता है दुनिया की नजर में भी केवल वही सम्मान का पात्र बनता है और आज जरूरतमंद लोगों के कल्याणार्थ किए जाने वाले अच्छे कार्यों को समाचारों में प्रमुखता नहीं मिलती, जबकि घोटालों को समाचारों की सुर्खियों तक पहुंचते देर नहीं लगती और शायद यही कारण है कि अधिकतर जरूरतमंदों के कल्याणार्थ व देशहित में किए जाने वाले कार्यों की खबर लोगों तक पहुंच ही नहीं पाती।

अगली सुबह राजधानी के केवल एक समाचार पत्र नें ही उस सभा की खबर थी। खबर की सुर्खी कुछ इस तरह थी–'The Awardess Deny Dependence on Western Funds' यानी मैगसेसे अवार्ड से सम्मानित लोगों ने पश्चिमी सहायता राशि पर निर्भरता को नकारा।

मुझे अपने आप पर आश्चर्य हुआ कि क्या ये अवसर गंवाना नहीं था? क्या प्रश्नों की शृंखला कुछ इस प्रकार नहीं होनी चाहिए थी?

* रेमन मैगसेसे पुरस्कार चयन समिति को पुरस्कार पाने वालों के कौन से गुण एक समान प्रतीत हुए?
* क्या कारण है कि इस सम्मान को पाने वालों में भारतीय मूल के लोगों की संख्या अधिक है?
* क्या रेमन मैगसेसे फाउंडेशन ने इन पुरस्कारों को समयानुकूल बनाने और उसका प्रलेख तैयार करने की योजना बनाई, ताकि भावी उम्मीदवारों को इसका लाभ हो?

* वैश्विक प्राथमिकताओं के बारे में पुरस्कार पाने वालों की सोच क्या है और क्यों?
* इस सम्मान से मैगसेसे पुरस्कार विजेताओं के जीवन व करियर में क्या बदलाव आया है और किस तरह उनका काम उनकी प्रतिबद्धता को मजबूत करता है?
* जिन विवादों को रेमन मैगसेसे फाउंडेशन इस पुरस्कार की चयन प्रक्रिया में प्रमुखता देता है, वास्तव में उन विवादों का स्वरूप क्या है?

इन सभी प्रश्नों के मद्देनजर उस खबर की सुर्खी कुछ इस तरह हो सकती थी–'Asian Noble Laureates Call For a Jehad Against Poverty' यानी 'एशिया के प्रतिष्ठित उदार लोगों द्वारा गरीबी के खिलाफ जेहाद का ऐलान।'

लेकिन ऐसा करने के लिए सरकार व लोगों को एक साथ प्रतिबद्धता व एकता की भावना के साथ काम करना होगा।

दर्शक व पाठक वर्ग की मीडिया से आतंकवाद व हिंसा की खबरों के अतिरिक्त और भी अपेक्षाएं हो सकती हैं, परन्तु सवाल फिर वही है कि 'इसका निर्णय कौन करता है?'

❑

43

कौन विजेता बनता है

हमने ऐतिहासिक फुटबाल विश्व कप की समाप्ति देखी है। हमने देखा देशों को इकट्ठा होते हुए अपनी टीम की हार और जीत पर खुशी और गम मनाते हुए। एक बार अपनी टीम हारने के बाद फुटबाल के प्रेम में दूसरी टीम उनके हृदय के करीब आ जाती थी। इस विश्व कप में मैंने देखा कि कैसे देशों और महादेशों के लोग एक सूत्र में बंध जाते हैं। पहली बार एशिया महादेश अंतिम चार में पहुंचा। बाद में यह यूरोप बनाम लैटिन अमरीका हुआ और अंततः साम्बा या ब्राजील विजेता बना।

आइए, हम विश्लेषण करते हैं कि आखिर ब्राजील क्यों जीता और क्या था, जिसने उन्हें चैंपियन बनाया? कौन विजेता है और कौन विजित? खेल के प्रति मेरी समझ स्कूल के दिनों से थी, जब मैं 14 वर्ष की थी और टेनिस खेला करती थी। 28 वर्ष की उम्र तक मैं लगातार राष्ट्रीय और अंतर्राष्ट्रीय स्तर पर टेनिस प्रतियोगिताएं खेलती रही। मैंने प्रतियोगिताओं में देखा और अनुभव किया है कि सिर्फ योग्य टीम ही जीतती है। मैंने अयोग्य खिलाड़ियों को जीतते हुए कभी नहीं देखा है।

यदि मैं हारी हूं तो भी मैं जानती हूं उस दिन के सबसे अच्छे खिलाड़ी से मैं हारी हूं। यदि मैं विजेता बनना चाहती हूं तो मुझे और अधिक मेहनत करनी पड़ेगी और जब भी मैंने अतिरिक्त मेहनत की है तो मैं जीती हूं। अपनी जीत को मैं पहले ही जान जाती थी, क्योंकि मेरे अंतःकरण ने मुझे पहले ही बता दिया था। यही कारण था, जिससे मैंने तैयारी की। आखिर ब्राजील क्यों जीता? जर्मनी क्यों पिछड़ा? या तुर्की ने कम तैयारी क्यों की? या दक्षिण कोरिया कम में ही क्यों खुश था? इसके पीछे जवाब है कि ब्राजील इसलिए जीता, क्योंकि वह जानता था कि वह जीतेगा।

उन्होंने खेला क्योंकि उन्हें ट्रॉफी चाहिए थी। उन्होंने सिर्फ रक्षा ही नहीं आक्रमण भी किया और सभी खिलाड़ियों ने अपनी योग्यता इसमें झोंक दी। उन्होंने दूसरों की गलतियों का इंतजार नहीं किया बल्कि उन्होंने गोल करने के लिए खुद परिस्थितियां बनाई। यही कारण है कि फाइनल में जर्मनी के विरुद्ध अपनी इस भावना को बनाए रखा और जर्मनी के गोलची के गोल्डन फूट जीतने के बावजूद विश्व कप ब्राजील की झोली में गया।

जीतने के पीछे लंबी तैयारियां, रणनीति, निस्तर आत्मविश्लेषण, दूरदर्शिता, दृढ़ निश्चय, निष्ठा और दलीय भावना की लंबी कहानी होती है। तैयारी के दिनों में मस्तिष्क की सकारात्मक सोच, जीत का विश्वास और मानसिक तैयारी जीतने का सबसे बड़ा कारण बनता है। मानसिक तैयारी बिना आदत के नहीं होती है।

अभी विम्बलडन भी चल रहा है। यहां कौन है टेनिस का श्रेष्ठ खिलाड़ी। वही जिसने वर्ष भर सही दिशा में सही सोच के साथ मेहनत की होगी। जिंदगी के खेल से खेल की दुनिया ज्यादा स्वछंद है। खेल का मैदान ऐसा खुला मैदान है जहां आप तभी जीत सकते हैं जब आप अपने आपको विपक्षी खिलाड़ी से अच्छा साबित कर सकते हैं। इन सब के बीच निर्णायक आपको देखता है, दर्शक निर्णायक और खिलाड़ी दोनों को देखता है और अंत में कैमरा आपकी निष्पक्षता और उद्देश्य को अपने कैमरे में कैद करता रहता है।

तो आप क्यों नहीं एक आसान खेल से खेलने की शुरुआत अपनी युवावस्था में करते हैं। इस उम्र में सारी ऊर्जा आपके पास होती है। दुर्भाग्यवश ऐसा नहीं हो पाता है। विश्वविद्यालय में खेल के मैदान सूने पड़े रहते हैं। रनिंग ट्रैक धावकों के इंतजार में रहती है। ऐसी ही हालत अन्य सुविधाओं के साथ है। टेनिस कोर्ट प्रयोग किए जाने के इंतजार में है जैसा कि मैंने देखा है। हमारी सोच ही ऐसी है कि खेल और पढ़ाई एक साथ नहीं हो सकती है। यदि बच्चे या छात्र खेलते हैं तो उनका अध्ययन छूट सकता है। वैसे छात्र तेजस्वी होते हैं जो कि खेल के मैदान और किताबों में बराबर ध्यान देते हैं, क्योंकि दोनों में अनुशासन और ध्यान की आवश्यकता होती है। छात्रों को एसी आदत विकसित करनी चाहिए। ऐसे छात्र जो अपने छात्र जीवन में दोनों के फायदे उठाते हैं वे ज्यादा दिनों तक जीवन जीते हैं। छात्र जीवन ऐसा है जहां उत्पादकता और रचनात्मकता की गुंजाइश काफी होती है और वे अपने जीवन में सफलता पाने के लिए प्रतिबद्ध रहते हैं। यही रचनात्मकता और अनुशासन उनकी नौकरी की जिंदगी में प्रवेश करती है जो कि उन्हें अन्य लोगों से नापती है जो कि हरफनमौला नहीं रहे हैं। ये सब कड़ी मेहनत चाहता है और ये बिना कुछ

दिए नहीं जाता है। यही प्रकृति का भी नियम है। इसलिए विजेता बनने के लिए पूर्ण प्रशिक्षण, आत्म अनुशासन और कुछ पाने की ज्वलंत इच्छा होनी चाहिए। एक बार यदि यह आदत, लगातार प्रशिक्षण मानसिक व्यवहार के रूप में परिणत हो गई तो सफलता की ऊंचाइयों पर पहुंचा जा सकता है। यदि फिर भी हार होती है तो इसका विश्लेषण करना चाहिए कि यह हार है या अभी सीखने या अभ्यास की और जरूरत है। विजेता जन्म लेते हैं या बनते हैं यह थोड़ा जटिल प्रश्न है, लेकिन जीतने की इच्छा जीवन के किसी भी संदर्भ में ली जा सकती है। सभी को यह जानना चाहिए कि पुरस्कार उन्हें भी मिल सकता है। मैंने अपनी छोटी बहन अनु पेशवारिया को याद किया जो कि तीन बार टेनिस की राष्ट्रीय चैंपियन बनी और भारत की तरफ से विम्बलडन में प्रतिनिधित्व किया। जब वह 5 वर्ष की थी तब उसने मेरी मां से कहा 'मम्मी किरण दीदी की तरह एक छोटी सी ट्राफी के लिए इतनी मेहनत करने की क्या जरूरत है? हम लोग इसे बाजार से भी खरीद सकते हैं। लेकिन वह छोटी थी। जैसे–जैसे वह बड़ी होती गई उसे इस बात का अहसास हो गया कि ट्रॉफी या तमगा बलिदान और पसीने से जीते जाते हैं न कि उन्हें खरीदा जाता है।'

> विजेता का अर्थ है! मूल्यवान निवेश के लिए आत्म संतुष्टि जिसका मौका जिन्दगी में एक ही ! बार मिलता है।

विजेता का अर्थ है मूल्यवान निवेश के लिए आत्मसंतुष्टि जिसका मौका जिंदगी में एक ही बार मिलता है। हो सकता है इससे दृश्यमान मैडल या ट्रॉफी न मिले, लेकिन अंतःकरण से उपलब्धि का अहसास तो हो सकता है जो कि मुझ में है। ❑

44

मेरी प्रिय दिल्ली

मैरीलैंड विश्वविद्यालय में स्पीकिंग एंगेजमेंट के बाद, मैं और मेरी निजी सहायिका (वे मरे साथ भारत से गई थीं) न्यूयॉर्क वापिस आ रहे थे। हम दोनों ही अपने मन में चल रही बातें कर रहे थे। मैंने उससे यूँ ही पूछा, "नंदा! (उसका नाम, 25 वर्षीया) तुम्हें मैनहट्न और दिल्ली में क्या फर्क दिखाई देता है? वह लगभग एक साल से मेरे साथ है। उसने काफी रोचक बातें बताईं क्योंकि सबका नजरिया अलग–अलग होता है।

नंदा ने कुत्तों से अपनी बात शुरु की। उसने कहा कि उसे वहाँ कई किस्मों, नस्लों, रंगों व आकारों के कुत्ते दिखाई देते हैं। वे हमारी तरह अपार्टमेंटों में रहते हैं, लिफ्टों में अपने मालिकों के साथ घूमते हैं। सर्दियों में उन्हें खूबसूरत कोट और हुड पहनाए जाते हैं। बारिशों में कई रंग–बिरंगी बरसातियों में घूमते दिखाई देते हैं। कोई भी काटता या भौंकता नहीं है। वे सभी साफ–सुथरे और अनुशासित हैं। वे 'रुको' कहते ही रुक जाते हैं। वे सड़कों पर मल नहीं त्यागते। यदि कोई करता भी है तो मालिक उसी समय जगह साफ कर देता है। मालिक अपने साथ पॉलीथिन की थैली लेकर चलता है ताकि गंदगी उठा सके। कई लोग तो साथ में दस्ताने भी रखते हैं। हमने दिल्ली से इन हालातों की तुलना की और दिल खोलकर हँसे। मैंने सोचा कि इस बारे में जितना कहा या लिखा जाए कम है। मैंने पूछा–"और क्या?" उसने बताया कि वह वहाँ अक्सर वृद्ध जन को सड़कों पर अकेले घूमते देखती है। कई बार वे वॉकरों के सहारे चलते व अपना राशन खुद लाते दिखाई देते हैं। वे काफी चुप्पी साधे रहते हैं जैसे कह रहे हों कि 'हमें तंग मत करो।' पड़ोसी भी ऐसे ही हैं। मैं खुद नहीं जानती कि हमारे पड़ोस में कौन रहता है। हम यदि इस स्थिति

की तुलना अपने परिवेश से करें तो नंदा के शब्दों में वह स्वयं को असुरक्षित महसूस करती है।

हालांकि उस समय हम दोनों उन अनचाही आवाजों को नजरंदाज कर रहे थे, जिन्हें हम चाह कर भी रोक नहीं सकते। जरा अपने देश में होने वाले जगराते याद करें! मैंने उससे पूछा कि वह विदेश में ऐसा कर सकती है। हम दोनों फिर एक बार जोर से हँसे (अपने पड़ोसियों को तंग किए बिना)।

> ! अगर हम भी पूरी जिम्मेवारी और देशभक्ति की भावना से अपने कर्तव्य निभाएँ तो कितना अच्छा हो!

मैंने नंदा से पूछा, "और बताओ?" उसने कहा, "कोई भी सफेद चमड़ी वाले भिखारी या हाथ में बच्चा थामे भिखारिन नहीं दिखाई देती लेकिन मोटे स्त्री–पुरुष व बच्चे हर ओर दिखाई देते हैं।" उसने बड़े स्टोर्स के बारे में बात की, जहाँ एक ही बार में हर तरह का सामान खरीदा जा सकता है। यदि जरूरत पड़े तो वे आसानी से सामान बदल भी देते हैं। फिर उसने बताया कि चौबीस घंटे मुफ्त पानी मिलता है। बसों में जगह होती है और कोई लड़कियों से छेड़खानी नहीं करता।

हम थोड़ी दूरी तक पहुँचे तो 8–10 डॉलर का टोल टैक्स अदा करना पड़ा। उसने मुझसे पूछा–क्यों? मैंने कहा–"यही कारण है कि यहाँ भिखारी नहीं हैं। हर तरह की सुविधाओं का मोल चुकाना पड़ता है अमीरों को भी चुकाना पड़ता है और यह सारा धन सरकार के पास जाता है। सब कुछ कम्प्यूटर में दर्ज होता है। कोई भी इस पैसे को उड़ा नहीं सकता यह सड़कों की मरम्मत व नागरिक सुविधाओं के लिए खर्च होता है।"

खैर, मुझे अपनी दिल्ली से प्यांरा, कोई शहर नहीं लगता। अगर हम भी पूरी जिम्मेवारी और देशभक्ति की भावना से अपने कर्त्तव्य निभाएँ तो कितना अच्छा हो। अच्छे नागरिक, प्रशासन, राजनीतिज्ञ, माता–पिता, वृद्ध जन व छात्र बनें। तब हमें अपनी वसीयत कुत्ते–बिल्लियों के नाम करने की नौबत नहीं आएगी, चाहे वे कितने भी प्यारे, आज्ञाकारी, अनुशासित व न भौंकने वाले साथी क्यों न हों।

❑

45

जिसे याद किया

जब मैंने न्यूयॉर्क में यू.एस. में दो साल बिताने के बाद, एयर इंडिया से भारत के लिए उड़ान भरी तो मेरे मन में एक ही विचार था 'मैं घर जा रही हूँ।' मेरी खुशी ने आसपास वालों को चौंका दिया लेकिन मुझे कोई फर्क नही पड़ा। मैं अपने आपको अचानक काफी ताकतवर महसूस करने लगी। 'अपनी मिट्टी' और 'अपने लोगों' के बीच होने का एहसास ही, काफी सुखद था। वह जहाज मेरे देश का था और मैं घर लौट रही थी।

मैं अधिकतर समय सोती रही। मैंने उनसे कहा कि वे मुझे भोजन बाद में दें ताकि मैं भूख लगने पर उसे खा सकूं। उन्होंने मेरी इच्छा का मान रखा। मैंने इससे पहले कभी किसी भी एयरलाइन या बिजनेस क्लास तक में भी ऐसी मांग नहीं की थी। दूसरे मुझे इस बात का संदेह भी था कि मेरी बात मानी जाएगी या नहीं! पर मैं अब तक के यात्रा अनुभवों से जान गई हूँ कि उन्होंने विशेष रूप से मेरा पक्ष नहीं लिया था, यह एक हकीकत है।

मैंने पूरे घर को इस बारे में नहीं बताया था कि मैं कब आने वाली हूँ। मैंने चुपचाप एक टैक्सी की और घर के लिए रवाना हो गई। इसी रास्ते के दौरान मुझे एहसास हुआ कि मेरे मन में हर बात की किस तरह तुलना चल रही थी। इससे न्याय का एक पहलू भी था!

मुझे अपने देश के लोगों को देखकर बहुत अच्छा लगा। मुझे भीड़ से कोई परेशानी नहीं हुई। चारों ओर अपनेपन और दोस्ती का एहसास था, विदेश में मुझे इसकी बहुत याद सताती थी। मैले–कुचैले कपड़ों में पास से गुजरता थ्री

व्हीलर ड्राईवर मेरा अपना था। मैं उसे पसंद करती हूँ कि क्योंकि वह एक भारतीय चेहरा है। वह मेरे जैसा था! मैंने जो टैक्सी किराए पर ली, वह ज्यादा अच्छी हालत में नहीं थी लेकिन इससे मुझे कोई परेशानी नहीं हुई। दोनों ओर चलती खुदाई की वजह से सड़कें काफी ऊबड़–खाबड़ हालत में थीं, लेकिन मुझे वे झटके भी कबूल थे।

> ! मेरे लिए भी जिन्दगी का एक चरण शुरू हुआ है, मैं जीवन की इस देन व प्रसन्नता के प्रति अभार व्यक्त करना चाहूंगी। !

एयरपोर्ट से शहर की ओर जाने वाले रास्ते पर ट्रैफिक जाम था जिसने एयरपोर्ट यात्रियों को भी रोक रखा था, इसी में ट्रकों का ट्रैफिक भी घुस गया था। मैंने सोचा, "हम निश्चित ही इस समस्या का समाधान तलाश सकते हैं। फिर मैंने देखा कि फुटपाथ काफी बदतर हालत में थे। ट्रैफिक व्यवस्था काफी बुरी थी। यह सब भी अनदेखा करना पड़ा, हमें यह कबूलने की जरूरत नहीं है। भारी जुर्माने लगाने से शायद ये कमियाँ दूर हो सकें।

मुझे सुबह की सैर पर जाना बेहद पसंद है। न्यूयॉर्क की कड़कती सर्दियों में सुबह–सुबह घर से निकलना किसी सजा से कम नहीं होता, लेकिन मैं हर रोज सैर करने जाती थी। दो साल पहले लगे, फुटपाथ के पत्थर जगह–जगह से टूट कर असमतल हो गए थे। यह भी मंजूर नहीं था। मैंने सोचा कि किसी ने ईमानदारी से अपना काम नहीं किया और यह उसी का नतीजा है। जब मैं पब्लिक पार्क के कोने में पहुँची तो एक जगह जूठे भोजन का ढेर पड़ा था, जो शायद पिछली रात हुई शादी के बाद वहाँ फेंका गया था।

हमें यह सब क्यों सहना चाहिए? खासतौर पर जब हम कूड़ा–करकट उठाने के लिए लोगों से पैसे लेते हैं। हम इंतजार क्यों करें क्या वहाँ गिद्ध और बाज मंडराने तक प्रतीक्षा करें?

उसी शाम मैं एक शादी में गई। शायद मैं शादियों के मौसम में ही घर लौटी थी। मैं दूल्हा–दुल्हन से मिली। मैंने पाया कि वहाँ आए वी.आई.पी. के सामने उनकी कोई अहमियत नहीं थी। फंक्शन का दारोमदार इसी बात पर था कि वहाँ कौन–कौन आया। मुझे भी उसी रूप में इस्तेमाल किया गया। मैं दूल्हा–दुल्हन से मिलने के बाद चुपचाप वहाँ से आ गई ताकि उन लोगों पर फिर से फोकस हो सके, जिनके लिए वह आयोजन, एक नई जिंदगी की शुरुआत था।

ठीक उसी तरह, मेरे लिए भी जिंदगी का एक नया चरण शुरु हुआ है। मैं जीवन की इस देन व प्रसन्नता के प्रति आभार व्यक्त करना चाहूँगी। मैंने अपने हाउसकीपर की माताजी के लिए चश्मा बनवा कर, इस आभार की शुरुआत की, वे चाहने पर भी चश्मा नहीं बना पा रही थीं।

न्यूयॉर्क में मेरे पास यह सब नहीं था–अपने ही लोगों के बीच मिलने वाली ताकत! मैं लगातार यही सब करती रहूँगी। जय हिंद!

❑

46

धन्यवाद दिवस समारोह

दो वर्ष के यू.एस. प्रवास के दौरान, मैंने न्यूयॉर्क में सबसे लंबा वीकएंड मनाया। वह धन्यवाद दिवस सप्ताहांत या वीकएंड था। जिसकी वजह से दीवाली के बाद होने वाले समारोह व गतिविधियों की धूम थी। मैं अपनी मित्र के साथ, कार्यक्रम में सही समय पर पहुँच गई।

हमने क्या देखा? सारा आयोजन तय समय से कई घंटे पीछे चल रहा था। इस समारोह में दो बातें साफ दिखाई दे रही थीं। वहाँ भारतीय प्रवृत्ति थी, वह काफी देर से शुरु हुआ। दूसरा, इसका अमरीकीकरण कर दिया गया था। वे दीवाली तब मना रहे थे, जब उन्हें समय मिल सका। इस देर से मनाई जाने वाली दीवाली (दीपमाला के बिना) में डिनर का नामोनिशां नहीं था। खासतौर से आए बॉलीवुड गायकों को पहले सुनना था। खाने का समय बीत रहा था और हमें भूख लगी थी। खाने का कोई अता–पता नहीं था इसलिए हमने घर लौटने का फैंसला किया।

जब हम लौट रहे थे तो मैंने अपने अमरीकी भारतीय मित्रों से इस लंबे धन्यवाद ज्ञापन वीकएंड का महत्त्व जानना चाहा। उन्होंने कुछ ऐसी बातें बताईं, जिनसे मेरी उत्सुकता और भी बढ़ गई। मैं कुछ और जानना चाहती थी। घर पहुँचते ही, मैंने इंटरनेट पर सर्च किया। मुझे पता चला कि वह जानकारी काफी रोचक थी। उससे मेरे दिमाग में कई सवाल पैदा हुए।

पहले मैं आपको इस बारे में बताना चाहूँगी। धन्यवाद ज्ञापन समारोह आज से करीब चार सौ साल पहले अमरीका में शुरु हुआ, ये उन यात्रियों ने शुरु किया जो 'पिलग्रिम्स' कहलाते थे। वे धार्मिक अत्याचार से बचने के लिए इंग्लैंड से नीदरलैण्ड आए थे लेकिन अब वे डच से भी बाहर जाना चाहते थे। इस कठिन यात्रा में कई

यात्री मारे गए। प्लाई माउन्ट में वहाँ के नेटिव भारतीयों ने उनकी मदद की धीरे–धीरे दोनों की दोस्ती जमने लगी और दोनों को ही लाभ हुआ।

अच्छी फसल होने से, चारों ओर समृद्धि फैलने लगी। अब ईश्वर की कृपा को धन्यवाद देने का समय आ गया था, जिसने कटाई समारोह का रूप ले लिया। हमारे देश के कई हिस्सों में भी इसे मनाया जाता है। तभी से हर साल फसल कटने पर इसे मनाया जाने लगा।

धीरे–धीरे इसका चलन इतना हुआ कि यह राष्ट्रीय अवकाश घोषित कर दिया गया। यहाँ प्रसिद्ध ऐतिहासिक व्यक्तियों द्वारा इस दिन पर कुछ विचार प्रस्तुत किए जा रहे हैं जिससे उस दिन के पीछे छिपी भावना को समझने में मदद मिलती है।

> "जो वर्ष समाप्त होने को है, वह हरे–भरे खेतों व स्वस्थ आकाश के वरदानों से भरपूर है। हम इस देन का आनंद लेते–लेते यह भी भूल गए हैं कि इसका असली स्रोत क्या था।"
>
> *–अब्राहम लिंकन*

> "मैं यू.एस. की जनता से कहना चाहूँगा कि वे धन्यवाद दिवस के प्रति सच्चे हृदय से आभार प्रकट करें। ईश्वर की कृपा से ही हमें यह अवसर मिला है कि जनता की सुरक्षा व प्रसन्नता चाहने वाली सरकार कायम कर सकें।"
>
> *–जॉर्ज वाशिंगटन*

> "इस दिन हमें उन सब अमरीकियों के प्रति भी धन्यवादी होना चाहिए, जो पीढ़ियों से इस शुभकामनाओं को संभालते आ रहे हैं।"
>
> *–विलियम जे. क्लिंटन*

जब मैं लंबे वीकएंड के बाद ऑफिस पहुँची तो सभी एक–दूसरे से पूछ रहे थे कि उन्होंने इस दौरान क्या किया। ज्यादातर जवाब थे; हमने टर्की भूनी, पकाई, खरीदारी की, घूमने गए, घर की सफाई की और जम कर नींद ली।

इन सब बातों को सुनकर मैं सोचने लगी कि परिवार व मित्रों से परे जाकर, मिलकर धन्यवाद दिवस मनाने की भावना कहाँ गई? कहीं हमने उस भावना को खो तो नहीं दिया? हालांकि उन्होंने इन दिनों का पूरा आनंद लिया लेकिन एक राष्ट्र के नाते, ऐसा समारोह मनाने के लिए वे क्या कर सकते थे?

मेरे लिए ऐसा दिन कहीं ज्यादा विशाल अर्थ रखता है इसके बारे में जानकारी लेने के बाद तो मेरी नजरों में इसका महत्त्व और भी बढ़ गया है। मेरे मन में इससे जुड़े तुलनात्मक प्रश्न घूमने लगे। अगर हमारे भारतीयों के पास भी ऐसा

ही एक दिन हो–'धन्यवाद का एक दिन', यदि हो तो, कौन सा?

हम अपने अधिकारों पर केंद्रित होने के साथ-साथ उनको भूल गए हैं जिनके प्रति आभार व्यक्त किया जाना चाहिए।

शायद मैं इसे 15 अगस्त के स्वतंत्रता दिवस से जोड़ना चाहूँगी। वो दिन जब हम सामूहिक रूप से उन्हें धन्यवाद दे सकते हैं, जिन्हें हम लगातार भूल रहे हैं। जिन्होंने हमारे भविष्य के लिए अपना वर्तमान कुर्बान कर दिया। इस दिन मीडिया (प्रिंट व ऑडियो) के लिए अनिवार्य कर दिया जाए कि वे धन्यवाद का संदेश फैलाने वाले कार्यक्रम प्रसारित करें। जब हम उनकी बहादुरी, त्याग और बलिदान को याद कर सकें। सिर्फ याद करने के अलावा हम इस दिन के लिए और क्या कर सकते हैं! गाँव, देहात, पड़ोस, स्कूल व अस्पतालों में 'हम लोगों' के सिवा हमारे नेता भी साथ शामिल हो सकते हैं। कुछ जगहों पर हम दूसरों के लिए कुछ करके यह दिन मना सकते हैं। हम अपने अधिकारों पर केंद्रित होने के साथ–साथ उनको भूल गए हैं जिनके प्रति आभार व्यक्त किया जाना चाहिए।

❑

47

एमट्रेक व शताब्दी

मैं दीवाली की छुट्टियों में, अपने घर दिल्ली गई। इसी दौरान मैं अपने दूसरे घर अमृतसर भी गई। मैंने दिल्ली से शताब्दी एक्सप्रेस ली (तेजी से चलने वाली ट्रेनों की शृंखला) यह काफी हद तक मेरी न्यूयॉर्क से बोस्टन की 'एमट्रेक' ट्रेन यात्रा के करीब थी।

ज्यों ही, मैंने दिल्ली से शताब्दी में कदम रखा, मैं कई प्रकार की रोचक तुलनाओं से चौंकी। मैंने मन ही मन तय किया कि इन्हें सिलसिलेवार याद रहूँगी। इस तरह मैं अपने पाठकों को सीमित समय में ही अपनी यात्रा का वृत्तांत दे पाऊँगी।

गाड़ी में कदम रखते ही, पहली उद्‌घोषणा से ही दोनों ट्रेनों का अंतर सामने आने लगा (यह तुलना एक्जीक्यूटिव क्लास कोचों की है) इन अंतरों ने जहाँ एकदम से मेरा ध्यान खींचा, वहीं दूसरी ओर मुझे भावनात्मक रूप से भी छू लिया। इन दोनों ट्रेनों के अंतर, हमारी अलग–अलग जीवनशैलियों व संस्कृतियों की उपज हैं। जब तक इन्हें तुलनात्मक रूप से अनुभव न किया जाए, तब तक न तो सही तरीके से उन्हें सराहा जा सकता है और न ही उनका महत्त्व दर्शाया जा सकता है।

कई बार कुछ हालात दिल को छूने वाले और सुकून भरे भी थे लेकिन ये पूरी संवेदनशीलता के साथ मेरी यादों में बस गए, इसका एहसास मुझे बाद में हुआ।

यहाँ मैं आपको पूरी ईमानदारी से अपने अनुभव बताना चाहूँगी।

- अंग्रेजी व हिन्दी उद्‌घोषणा ने हमारा स्वागत किया। साड़ी में लिपटी एक युवा महिला रेल अधिकारी ने हमें 'नेस्ले एक्लेयर्स' दी। फिर समाचार–पत्र वाला आया ताकि हम अपनी मर्जी का अखबार चुन सकें। हम एक से ज्यादा अखबार

भी ले सकते थे। शहनाई वादन का संगीत बजने लगा। यह उस समय के हिसाब से उपयुक्त आध्यात्मिक वादन था।

> जीवन में सब कुछ मिले-जुले रूप में मिलता है। यह आप पर निर्भर करता है कि आप क्या खोजते हैं।

- साथ ही हमें मिनरल वाटर की बड़ी बोतलों के साथ पेपर कप दिए गए। बार-बार उद्घोषणा हो रही थी कि हम बोतलें वहीं छोड़कर न जाएं वरना उनका दुरुपयोग हो सकता है।
- इसके विपरीत यू.एस. की ट्रेनों में हालात देखें। सभी गाड़ियों में पीने के पानी के लिए नल हैं। कोई भी मिनरल वाटर की बोतलें व पेपर कप या फिर नेस्ले एक्लेयर्स देने नहीं आता। वहाँ कुछ भी सर्व नहीं होता। अगर आपको बोतल वाला पानी चाहिए तो अपने लिए खरीद लें। हमारी जैसी उद्घोषणा का तो मतलब ही नहीं पैदा होता, आप मजाक कर रहे हैं क्या?
- फिर शताब्दी में उद्घोषणा होती है, "आप कभी भी जरूरत पड़ने पर शुगर फ्री चाय माँग सकते हैं।" इसे सुनकर मुझे खुशी हुई और यू.एस. की लंबी हवाई यात्राएँ याद आ गईं। न्यूयॉर्क से सैनफ्रांसिस्को की हवाई यात्रा नें करीब पाँच घंटे लगते हैं। मुझे अपना खाना घर से ले जाना पड़ता था क्योंकि वहाँ भोजन सर्व नहीं होता था।
- यहाँ गाड़ी चलते ही हमें साफ थर्मस में गर्म पानी, कॉफी, चाय, पाउडर दूध, चीनी व बिस्कुट दिए गए। वेटर्स मुस्कुरा कर सब कुछ परोस रहे थे और माँगने पर अतिरिक्त मात्रा भी दी जा रही थी।
- मैंने ध्यान दिया कि ट्रेन लंबी दूरी तक सीटियाँ व हॉर्न देती जा रही थी। ऐसा इसलिए था कि रेलवे लाईन देहातों में पड़ते हैं और कभी भी कोई तेज चलती गाड़ी के नीचे कुचला जा सकता है। थोड़ी दूरी के बाद ऐसी जगह भी दिखाई दी, जहाँ पाँव धरने तक की जगह नहीं थी। आखिर में हमें हरे-भरे खेत दिखने लगे।
- मैसेज स्क्रीन पर बार-बार 'गाड़ी को साफ रखने', रुकी गाड़ी में ही चढ़ने या हमारी रेलवे की ओर से सुरक्षा का आश्वासन देने वाले संदेश आ रहे थे।

लेकिन ट्रेन के दो डिब्बों के बीच झूलता दरवाजा, गीले फर्श वाले बाथरूम व टॉयलेट पेपर की कमी भी दिखाई दे रही थी।

मेरी दाईं ओर आयरलैंड से आई महिला पर्यटक यात्रा कर रही थी। मैंने पूछा कि उसने भारत को ही क्यों चुना। उसने कहा कि उसके मित्रों ने कहा कि वह भारत अवश्य देखे।

साफ–सफाई के बारे में कहा? क्या इससे आपको परेशानी नहीं होती? मैंने उससे पूछा।

"जीवन में सब कुछ मिले–जुले रूप में मिलता है। यह आप पर निर्भर करता है कि आप क्या खोजते हैं", उसने जवाब दिया।

मैं स्वयं को यह पूछने से रोक नहीं पाई कि वह भारत में क्या तलाश रही है।

उसने कहा, "इतिहास, सभ्यता, ऊष्णता, लोग, उत्सुकता व सेवा और भारत में इन सबकी कमी नहीं है। इसके अलावा और भी बहुत कुछ है।"

मैं हैरान थी कि जब हमारे पास इतनी समृद्ध विरासत है तो हम सबसे बेहतर क्यों नहीं हो सकते? जी हाँ, हम अगंर सभी पदों से ऊपर उठकर काम करने के सही तरीके अपना लें; अंकेक्षण, दौरों या पुरस्कारों से भी ऊपर उठ जाए तो यह सब आसानी से पा सकते हैं।

❑

48

अमरीकी मित्र की भारत यात्रा

जब मैं इस पाक्षिक स्तंभ के लिए लिखने की योजना बना रही थी, तो मुझे एक अमरीकी मित्र का ई–मेल मिला, वह मुझे पिछले दो वर्ष से जानता है। मुझे लगा कि इसे सबके साथ बाँटना चाहिए। उसी के शब्दों में सुनें–

"फैम ट्रिप" आप पूछ सकते हैं कि यह क्या था, दरअसल यह थाई ट्रैवल एजेंट का "फैम ट्रिप" ही नहीं बल्कि एक अद्‌भुत ट्रिप रहा। मैंने 20 ईकोट्ररिज्म ट्रैवल एजेंटों के साथ, बैंकॉक से दिल्ली के लिए उड़ान भरी। इसके बाद हम इंडियन एयरलाइन से गए। टॉयलेट में पेपर नहीं थे लेकिन कोई बात नहीं! डेटॉल की गंध से साफ–सुथरी जगह का संकेत मिल रहा था। दिल्ली में उतरे तो तापमान 42^0 के करीब था फिर हम एक साफ–सुथरे कोच में बैठे। उसमें काफी ठंडक थी, लगता था कि गंतव्य तक पहुँचने से पहले ही हम ज़म जाएँगे। ठंडक घटाने को कहा गया तो जवाब मिला, "या तो यह ठंडक देगा या गर्माहट", बीच का कोई रास्ता नहीं है। हमने इस ठंडक में रहना ही मंजूर किया। सड़क पर 180 कि.मी. का बोर्ड लगा था। मैंने 2–3 घंटे का अंदाजा लगाया लेकिन सड़कें तो सड़कें ही होती हैं।

चार लाइन वाली हाइवे पर सब कुछ चल रहा था। गाएँ, साईकिलें, बड़े ट्रक, बैलगाड़ियाँ, लोग, कारें और टक–टक! दिल्ली में सभी टक–टक और बसें हरी हैं, वे सी.एन.जी. से चलती हैं। साढ़े पाँच घंटे बाद आगरा पहुँचने पर काफी भारी खाना खाया और बिस्तरों में पड़ गए।

अगले दिन सुबह हम ताजमहल देखने गए। मैं कई सालों से वहाँ नहीं गया था। अच्छी तरह व्यवस्थित बगीचे देखकर मन खुश हो गया। प्रदूषण की वजह से संगमरमर को थोड़ा नुकसान जरूर पहुँचा है लेकिन यह अब भी शानदार दिखता

है। इसके पास कारें ले जाना मना है। आपको छोटी इलैक्ट्रिक बसों में बैठना पड़ता है। वे काफी कम शोर करती हैं, पूरे भारत में ये सुविधा यहीं हैं।

ताज और आगरा को पीछे छोड़ हम दिल्ली पहुँचे और रात के भोजन के लिए रुके। तब तक अंधेरा हो गया था और हम काफी ट्रैफिक होने की वजह से धीरे–धीरे होटल तक पहुँचे। कोई बात नहीं। अभी तो इससे भी बेहतर होना बाकी था।

हमने अगली सुबह, हिमालय की बर्फ के नजारे लेते हुए, श्रीनगर के लिए उड़ान भरी। एयरपोर्ट पहुँच कर लगा कि हम किसी गलत जगह आ गए थे। यह सिविल एयरपोर्ट कम और मिलिट्री कैंप ज्यादा लग रहा था। कश्मीर ने पिछले कुछ सालों में, पाकिस्तान के साथ कभी खत्म न होने वाले विवाद में काफी दुख सहा है।

हम अपनी जीपों के काफिले में एक तंग शहर में पहुँचे, जिसका कोई आदि–अंत दिखाई नहीं दे रहा था। हम डल झील के किनारे पहुँचकर पारंपरिक शिकारों में बैठे। वहाँ मोटरें नहीं लगीं इसलिए झील में चप्पू चलाने की आवाज ही सुनाई देती है। हाग्सबोट बहुत खूबसूरती से बनाए गए थे और इंटीरियर में बीसवीं सदी का पुट था। तीन शयनकक्ष थे। मुझे महाराजा कक्ष में रहने का सौभाग्य मिला। क्यों नहीं? तब दो महिलाओं को मेरी महारानियाँ बनाया गया। हम वहाँ पाँच दिन रहे और इस दौरान पुराने ब्रिटिश राज के कई स्वादिष्ट व्यंजनों का स्वाद लिया। काफी उबली सब्जियाँ और मटन। सभी कुछ खाने वाले थाई, महज इतना पसंद नहीं करते लेकिन उन्होंने यात्रा में अच्छा साथ निभाया। वे भोजन में थोड़ा मनचाहा स्वाद पाने के लिए कोई न कोई जुगत लगाते रहे। नाश्ते के लिए दलिया और कॉर्नफ्लेक्स थे।

हम दिन में मुग़ल उद्यानों में और उन पर्वतों पर गए जहाँ सर्दियों में 'विंटर स्पोर्ट्स' होते हैं। अंत में हम सड़क मार्ग से लद्दाख की ओर रवाना हुए तथा पाकिस्तानी सीमा के पास से गुजरे। अक्सर सड़कों पर कश्मीरी बकरियों और भेड़ों का झुंड आ जाता और हमें रुकना पड़ता। हमारे पास कोई मिलिट्री सुरक्षा नहीं थी और हमें इसकी जरूरत भी नहीं थी। वहाँ चारों तरफ सैनिक ही सैनिक थे। पेड़ों में, खेतों में, चोटियों पर फूलों के बीच व मकानों की छतों पर उनके पहरे थे। उनके हाथ की मशीनगनें एकदम तैयार रहती थीं।

आखिरी दिन, हम शिकारे में बैठकर घूमे और पक्षी देखे। झील के आसपास खड़े पहाड़ और वृक्ष अपना रंग बदल रहे थे। पोपलर और विलो के वृक्ष मस्ती में झूम रहे थे। झील पर चारों ओर काफी शांति थी।

विदाई वाले दिन हम शहर के बीचोंबीच गए। वहाँ उम्मीद से भी ज्यादा सिपाही

और बंदूकें थीं और सब कुछ सुरक्षित लग रहा था।

एयरपोर्ट में प्रवेश के लिए दो बार तलाशी हुई और मेरे बैग भी तीन बार जांचे गए। अंदर पहुँचे तो और भी मशीनें थीं। बोर्ड पर हाथ में सामान ले जाने की इजाजत नहीं दी गई। मैंने सोचा कि वे कुछ एयरपोर्ट इस मामले में प्रशिक्षित कर सकते हैं, मैंने हाल में यह सारा प्रशिक्षण लिया।

! लेखक एक विपश्यना प्रशिक्षक है, यही वजह है कि उन्हें आधा खाली गिलास, आधा भरा दिखाई देता है। !

बंदूकें पीछे छोड़कर, हम लौट आए हैं लेकिन अगली बार मैं जहाज में जाने की बजाए, जम्मू से ही, सड़क–मार्ग से लद्दाख तक जाऊँगा। कश्मीर अपने पर्यटक वापिस चाहता है, मैं जितना भी समय वहाँ रहा, उसी आधार पर कहना चाहूँगा कि वह काफी सुरक्षित है अगर आप रोमांच भरे दो–तीन सप्ताह बिताना चाहें, तो हमारे ग्रुप में शामिल हो जाएँ।

लेखक एक विपश्यना प्रशिक्षक है, यही वजह है कि उन्हें आधा खाली गिलास, आधा भरा दिखाई देता है। यह इसी बात का संकेत है कि हम वस्तुओं के प्रति कैसा नजरिया रखते हैं।

❑

49

पहले कदम से शुरुआत

यू.एस. में सितंबर के तीसरे सप्ताह में, इसकी महासभा होती है। यहाँ कोई भी देख सकता है कि वी.आई.पी. कितने भयभीत होते हैं। हर वर्ष यह मानव व तकनीकी संसाधनों के लिए खर्चीला होता जा रहा है। हर साल ट्रैफिक को और भी दूर तक रोका जाता है। वाहन, बचाव करने वाले, रक्षकों व साथ देने वालों की संख्या हर साल बढ़ती जाती है। हर साल (मैंने पिछले साल भी देखा) यू.एस. पास धारकों तक को भी दूर रखा जाने लगा है।

सब कुछ ऊँचे व शक्तिशाली लोगों के लिए एक खतरा बन गया है... यहाँ तक कि साफ नीला आसमान भी। हर कोई शक की निगाहों से देखा जाता है। कई बार तो यह सुरक्षा अप्रिय और घिनौनी लगने लगती है... देखने वालों के साथ–साथ शायद पाने वालों को भी ऐसा ही लगता है...

मुझे हैरानी होती है कि जब वे इनमें शामिल नहीं थे, तो वे भी सब कुछ जेबरा क्रॉसिंग से देखा करते थे... या वे सब भूल गए हैं। या काम के तनाव और सत्ता में बने रहने की उत्तेजना ने सब भुला दिया है।

जब मैं और मेरे सहकर्मी, यू.एस. ऑफिस की बाईसवीं मंजिल पर खड़े इस सुरक्षा सर्कस को देख रहे थे तो हमारे मन में एक विचार आया। दोस्तों से क्यों न पूछा जाए कि उनके मन में क्या चल रहा था? मैंने यूँ ही कइयों से पूछा कि वे क्या सोच रहे थे। सूची काफी लंबी थी और कुछ इस तरह थी... यहाँ

'वे' शब्द से अभिप्राय राजनीतिक नेतृत्व से है (अपवादों को छोड़कर)

- उनमें से ज्यादातर हिप्पोक्रेट बनना छोड़ें।
- वे इतने बेईमान न बनें।
- वे सत्ता में बने रहने के लिए हिंसा छोड़ें।
- वे गरीब और मजदूरों का शोषण बंद करें।
- वे अपने ही प्राकृतिक साधनों का दोहन बंद करें।
- वे अपने व परिवार के लिए धन का संग्रह बंद करें।
- वे गलत तरीकों का इस्तेमाल बंद करें।
- वे कमजोर राष्ट्रों को सहारा दें
- वे घृणा, हिंसा व युद्ध की भाषा बोलना बंद करें।
- वे संगठित अपराध का साथ छोड़ें।
- वे हिंसा, नशीली दवाओं व सेक्स का अवैध व्यापार करने वाले शास्त्रों की तरक्की आदि करने वालों को समुचित दण्ड दें।

> बहुत से रास्ते हैं ! जो आखिर में एक ही मंजिल तक पहुंचते हैं। सभी यात्राएं पहले कदम से ही शुरु होती है। !

मेरे एक सहकर्मी को याद आया कि किस तरह एक राज्य प्रमुख की पत्नी विशेष विमान से खरीदारी के लिए जाती थी जबकि उसके देश की जनता महामारी में दम तोड़ रही थी।

अब काम पर लौटने का वक्त था लेकिन मैं यह सोच रही थी कि हमारे ये विचार उन तक कौन पहुँचाएगा। क्या वे कभी सोचते हैं कि भरोसे के लायक हैं या नहीं? या उन्हें भरोसा तोड़ने का अपराधबोध सताता है? क्या वे परवाह करते हैं? लेकिन जवाब तो यही था कि वे देखभाल की भावना से भी अछूते हैं।

मैं अपने सहकर्मियों के साथ ऐसे स्थानों पर ड्यूटी देने जाती हूँ जहाँ यू. एस. के हिसाब से स्थानीय जनता के बचाव के लिए, दखल देना जरूरी हो जाता है। हम दिन रात ऐसे हालात देखते हैं। हम कभी–कभी ऐसे देशों में भी गए हैं जहाँ उनके पास डॉलर तक नहीं बचता। सारा धन टैक्सखोरों की जेब में चला जाता है जिनका पता तक नहीं चलता।

इन्हीं नेताओं की सुरक्षा के नाम पर एक बार फिर गरीब आदमी की रोटी, कपड़े और मकान में कटौती की जाती है।

इसे कौन सुधार सकता है? बहुत से रास्ते हैं जो आखिर में एक ही मंजिल तक पहुँचते हैं। सभी यात्राएँ पहले कदम से ही शुरु होती हैं!

❑

50

भारतवासियों के नाम एक पत्र

अमरीका वासियों को, 4 जुलाई को अपना स्वतंत्र दिवस मनाते देखना, एक नए तरह का अनुभव रहा। स्वभाविक रूप से मैं तुलना करने लगी कि हम अपना स्वतंत्रता दिवस कैसे मनाते हैं। पिछले बत्तीस वर्षों से, पुलिस सेवा के माध्यम से देश सेवा करने के नाते, मुझे कई स्वतंत्रता दिवस समारोह देखने का अवसर मिला। मैं आज भी उन सुंदर औपचारिक परेडों, एट होम दावतों, लोक नृत्यों, स्कूली बच्चों की हिस्सेदारी और लाल किले की प्राचीर से प्रधानमंत्री जी का भाषण याद कर सकती हूँ।

लेकिन यहाँ के लोग जिस तरीके से यह दिन मनाते हैं, उसने मुझे चौंका दिया। किस तरह हर कोई अमरीकी होने पर गर्व करते हुए, अपने बातचीत, गानों व कामों से इसे प्रकट करता है, किस तरह घर–घर अमरीकी झंडा लहराता है, किस तरह लोग हाथों में झंडा थामते हैं या कारों पर लगाते हैं, किस तरह वे लोग अपनी पोशाकों पर लाल–सफेद व नीले सितारों व पट्टियों से झंडे का प्रतीक बनाते हैं। यह सब कुछ इस दिन के त्याग, साहस, आभार व आजादी की भावना के नाम है।

यह हमारे प्रतिनिधियों व भारतीयों के लिए एक प्रार्थना है ताकि वे भी इस वर्ष, मन से इस दिन को मना सकें। मैं संकल्प करता हूँ/करती हूँः–

- हर भारतवासी को किसी न किसी रूप में यह दिन मनाने की प्रेरणा लेनी चाहिए तथा स्वतंत्रता का सच्चा अर्थ समझना चाहिए। राष्ट्रीय उत्तरदायित्व व आभार, इस वर्ष के समारोह की थीम हो।

- हमारे समारोह, रंग–बिरंगे समारोह व परंपराओं, लाल किले के भाषणों, राजभवन और 'एट होम' से भी परे जाने चाहिए। यह समारोह हर गाँव, स्कूल, कालोनी, गली–गली, घर दुकान, धार्मिक स्थल, बाजारों, संस्थाओं; ऑफिस घर व संगठनों में मनाया जाना चाहिए। इसका लक्ष्य यही है कि भारतीय तिरंगे; त्याग व बलिदान के प्रतीक को सलाम किया जा सके, जो सभी भारतीयों के दिलों को छूता है, वे चाहे कहीं भी क्यों न हों।
- समाज के सभी वर्गों–अमीर या गरीब, शहरी या देहाती, बूढ़े या जवान, स्वस्थ या रोगी, महिला या पुरुष, घरों में या सड़कों पर, सभी धर्मों, जातियों व प्रांतों के लोगों को यह दिन मनाने के लिए प्रेरित होना चाहिए जिसमें सभी लोगों की हिस्सेदारी शामिल हो।
- वे इसे मनाने का कोई भी तरीका चुन सकते हैं। वे इसे मिल–जुल कर भी मना सकते हैं। जिसके लिए ज्यादा खर्च की जरूरत नहीं है।
- इस दिन भारतीय टी.वी. चैनलों व सिनेमा हॉलों में ऐसी फिल्में निःशुल्क दिखानी चाहिए, जो त्याग, साहस व बलिदान की प्रेरणा दे सकें।
- हम देशव्यापी संगीत समारोह, कार्यक्रम व नृत्य नाटिकाएँ आयोजित कर सकते हैं जो प्रेम, अहिंसा, देशभक्ति, तालमेल बनाने की प्रेरणा देते हुए, उन लोगों के नाम श्रद्धांजलि दे सकें, जिन्होंने देश के लिए अपने प्राण बलिदान कर दिए। हमारे राष्ट्रीय कलाकार ऐसे समारोहों में भाग ले सकते हैं जहाँ आम आदमी उन्हें सुन सकें। यू.एस. में भी ऐसे ही किया जा सकता है।
- छात्रों को इस दिन अस्पतालों, वृद्धाश्रमों व अनाथाश्रमों में अपनी सेवाएँ देनी चाहिए। वे भारतीय गाँवों में पौधे लगा सकते हैं व बेहतर जल प्रबंधन के लिए सूखे तालाबों की सफाई कर सकते हैं।
- छात्र अपने अध्यापकों की मदद से, देश के लिए अपनी राष्ट्रीय सेवा की योजना बनाएँ। वे अपने स्कूलों और शैक्षिक संस्थाओं को सँवार सकते हैं।
- यहाँ एक आजादी दिलाने वालों के प्रति आभार व्यक्त करने के लिए; गांधी जी की श्रमदान अवधारणा को जीवित करने की बात कर रहे हैं।
- पूरा देश एक ही समय पर, एक साथ राष्ट्रीय गान गाए। जब प्रधानमंत्री लाल किले पर तिरंगा फहराएँ, वही समय सही रहेगा। हमें पहले से ही ऐसी घोषणाएँ करनी होंगी।

- मेरे पास सारे सुझाव नहीं हैं। मैं तो इतना चाहता हूँ कि हम पास हों या दूर, सभी दिल से इस दिन को मनाएँ। एक साथ 'जय हिंद' कहें! एक साथ राष्ट्रीय गान गाते हुए देशभक्ति व बलिदान की भावना को प्रश्रम दें व अपने दिल से कहें–"हमारा देश अमर रहे! मुझे भारतीय होने पर गर्व है...जय हिंद!"

❑

> ! 'हमारा देश अमर रहे... मुझे भारतीय होने पर गर्व है... जय हिंद...' !

51

कुछ खास सबक

पिछले पंद्रह दिन से मैं पढ़ाई–लिखाई के एक सिलसिले में देश से बाहर थी। इसी दौरान, मैं लंदन में रह रही बहन से भी मिली।

मैंने अपनी बहन डॉ. रीता पेशावरिया और जीजाजी डॉ. कीर्ति मेनन के साथ शाम का नाश्ता लेते–लेते यूँ ही पूछा–"कहिए, आज का दिन कैसा रहा?" रीता ने कहा–"आज तो हमारी साप्ताहिक मीटिंग थी (उस दिन सोमवार था) मुझे उसके मिनट्स लिखने थे। आज मेरी बारी थी।"

मैंने उत्सुकतावश मीटिंग के बारे में कुछ और जानना चाहा तो उसने बताया–"इस साप्ताहिक मीटिंग में हम पूरे सप्ताह के काम का जायजा लेते हैं।"

मैंने कहा–"बहुत बढ़िया।"

"क्या तुम इसके बारे में कुछ और बता सकती हो?" मैंने पूछा, "ओह! अब तुम मुझे फिर से दिन की शुरुआत करने के लिए मत कहो।"

"मैं तो यही जानना चाहती हूँ कि तुम्हारी मीटिंग कैसे होती है? उनमें क्या–क्या किया जाता है ताकि मुझे भी कुछ कारगर सुझाव मिल सकें।"

मेरे जीजाजी कीर्ति ने इन मीटिंग्स के बारे में काफी अच्छी जानकारी दी और रीता भी समय–समय पर अपने विचार प्रस्तुत करती रही। इस तरह यह काफी फायदेमंद और अनमोल चर्चा रही। मैंने इसे याद रखने का फैसला किया। मैंने सोचा कि हम अपने यहाँ कैसे काम करते हैं या संगठित होते हैं, उसी संदर्भ में यह काम आ सकती है यह हमारी निजी और सार्वजनिक सेवाओं को योग्य व उत्पादक बना सकती है।

हमने दो शामों और पार्क की लंबी सैर के दौरान यही चर्चा की जिसे मैंने सार रूप में पेश किया है।

कभी गलतियों को अनदेखा किया जाता तो कभी छिपा दिया जाता। हम भी सुधारात्मक पहल की बजाए दूसरी बातों पर अधिक केंद्रित रहते हैं।

कीर्ति ने बताया, "हम काउंटी के सभी साइकोलोजिस्ट सप्ताह में एक बार मिलते हैं। इस मीटिंग के तीन हिस्से होते हैं। पहले आधे घंटे के हिस्से में व्यवसाय से जुड़ी जानकारी; जैसे खाली या भरे हुए पद, प्रशिक्षण, अधूरा या छूटा हुआ, प्रक्रियाएँ, इनका प्रभाव, काम पर प्रभावी नीतियाँ, नए सरकारी निर्देश व किसी नए विकास आदि के बारे में बताया जाता है।

मीटिंग का दूसरा हिस्सा सुपरविजन से जुड़ी जानकारी के बारे में होता है। हमने पिछले सप्ताह जो भी सीखा, जो भी अभ्यास किया; उसके बारे में सबको बताया जाता है: मीटिंग का यह उत्पादक हिस्सा हमें लगातार एक टीम की तरह कुछ सीखने की प्रेरणा देता है। यह चर्चा काफी परिपक्व होती है। इसमें प्रतियोगी भावना बिल्कुल नहीं होती।

तीसरे हिस्से में, हममें से कोई दस मिनट का वैज्ञानिक प्रदर्शन करता है, यह विषय पहले से तय होता है, फिर इस पर चर्चा की जाती है। हम सब तैयारी से जाते हैं। पूरा योगदान देने के साथ–साथ एक–दूसरे से काफी कुछ सीखते हैं। इस मीटिंग में बारी–बारी से सबको चीफ बनाया जाता है। कई बार तो सबसे कनिष्ठ या जूनियर इसका प्रमुख होता है। यहाँ काम के सही बँटवारे के साथ नए नेतृत्व को निखारा जाता है। हम सब बारी–बारी से मीटिंग के मिनट्स का भी रिकॉर्ड बनाते हैं।

कीर्ति ने बताया कि कुछ मीटिंग ऐसी होती हैं, जहाँ भाग लेना अनिवार्य होता है। कुछ मीटिंग में जाना, न जाना, आपकी मर्जी होती है। हमने भी पैमाना बना रखा है कि किस मीटिंग में हिस्सा लेना है और किस में नहीं। खास बात तो यह है कि हम अपने काम से जुड़ी हर मीटिंग में हिस्सा लेते हैं। यहाँ कोई औपचारिकता नहीं बस हम यही ध्यान रखते हैं कि समय बरबाद न हो। चर्चा बिल्कुल सीधी व स्पष्ट होती है। किसी भी बुरी घटना को रिकॉर्ड करके विश्लेषण किया जाता है ताकि उससे सबक मिल सके मीटिंग में हमारे सामने कंप्यूटर पर सारी जानकारी होती है। इसलिए सभी अपडेट रहते हैं।

यहाँ कोई कागजी कार्रवाई या औपचारिकता नहीं, सभी आमने–सामने बैठकर, अपने गुरुओं से पाठ लेते हैं और रचनात्मक फीडबैक पाते हैं। यहाँ कुछ प्रक्रियाओं के लिए आपसी सहमति होती है जबकि रचनात्मक कार्य मौलिक होता है। विशेषज्ञों को पूरा मान–सम्मान दिया जाता है। इन योजनाओं पर सभी अमल करते हैं और कोई विवाद होने की स्थिति में हम मिलकर सुलझा लेते हैं। हम सब विवाद समाधान में निपुण हैं।

अब मैंने उनसे कहा कि वे भारत में होने वाली मीटिंगों से इसकी तुलना करें, क्योंकि वे विदेश जाने से पहले भारत की राष्ट्रीय संस्था के निर्देशक रह चुके हैं। उन्होंने पूरी प्रमाणिकता के साथ बताया, "वहाँ हर काम में काफी बाहरी हस्तक्षेप होता था। हमारे काम को निचले स्तर का कहा जाता था। हम परिणामों के लिए आग्रह नहीं करते थे। मीटिंग के सभी व्यक्ति प्रशिक्षण के एक ही स्तर पर न होने की वजह से कुछ लोग शिक्षा व निपुणता के मामले में कमतर होते थे, वे अपनी उपस्थिति दर्ज कराने की नीयत से मीटिंग को मूल विषय से भटका देते और अपना ही एजेंडा लागू कर देते। कभी गलतियों को अनदेखा किया जाता तो कभी छिपा दिया जाता। हम भी सुधारात्मक पहल की बजाए दूसरी बातों पर अधिक केंद्रित रहते..."

मैंने सोचा, "यह तो बिल्कुल सच है" लेकिन क्या यह सिर्फ मेरे देश तक सीमित है। अंतर्राष्ट्रीय स्तर पर काम करने के बाद जान गई हूँ कि यह भारत के बाहर भी सच है।

हर संगठन अपनी कार्य संस्कृति के अनुसार मीटिंग करने का तरीका ईजाद करता है। बेशक इन्हीं से किसी भी संगठन की कार्य संस्कृति भी झलकती है।

मैंने अपने पुलिस विभाग से इसकी तुलना करना आरंभ किया और जमीन आसमान का अंतर पाया!

यदि हम चाहें तो कई सबक सीख सकते हैं...!

❑

52

चुनाव आपके हाथ

मेरी ज्यादातर हवाई यात्राएँ राष्ट्रीय उड़ान से ही होती हैं। इस बार उड़ान का समय मेरे हिसाब से मेल खा रहा था इसलिए मैंने नई गैर–राष्ट्रीय एयरलाइन से जाने का फैसला किया। मैं इनके साथ पहले भी यात्रा कर चुकी थी। पहला अनुभव काफी अच्छा रहा और मैंने सोचा कि यह भी एक खुशगवार तजुर्बा रहेगा।

हालांकि मेरा यह अनुभव बहुत अच्छा नहीं रहा। टर्मिनल हमारे पुराने समय के अंतर्राष्ट्रीय बस अड्डे या रेलवे प्लेटफार्म जैसा दिख रहा था, बस फर्क इतना था कि लोग फर्श पर आराम नहीं कर रहे थे। एयरलाइन के प्रबंधन का कोई ओर–छोर नहीं दिख रहा था।

जिन यात्रियों की उड़ानें रद्द हुई थीं, वे टिकट काउंटर लांघकर आगे बढ़ चुके थे और काफी बुरी हालत में थे। किसी भी तरह की जानकारी नहीं दी जा रही थी। लोग इस तरह बार–बार पूछताछ करने आ रहे थे, जिस तरह भारत की सड़कों पर गाड़ी चलाते समय रास्ते पूछने पड़ते हैं। एयरलाइन स्टाफ असहाय, थका हुआ और लाचार था। वे लोग काफी पस्त दिखाई दे रहे थे। टर्मिनल के अन्य साधन भी ठीक अवस्था में नहीं थे। कोई सहायक नहीं, कोई समाचार–पत्र नहीं! बोर्ड के लिए कोई लाइनें नहीं! बाहर निकलने वाले दरवाजों पर गुस्साए यात्रियों का जमघट था। यह देखकर, मैंने अपने मेजबानों को सूचित किया कि शायद मुझे देर हो जाएगी या फिर मैं आ ही नहीं पाऊँगी।

मैं हैरान थी कि हम ये मुद्दे क्यों नहीं सुलझा सकते और किसे फील्ड में आकर इनकी जांच–पड़ताल करनी चाहिए। आजकल बड़ी तेजी से हालात बदल रहे हैं। हवाई यात्रा सस्ती हो रही है। जहाज में आपसे एक बोतल पानी तक के पैसे लिए

जाते हैं लेकिन हम गुणवत्ता और समय का ध्यान क्यों नहीं रख सकते? क्या बेहतर व्यावसायिक मॉडल की कमी है? या समर्थक साधनों के बिना माँग पैदा की जा रही है? आम जनता को हमेशा यूँ ही नजरंदाज क्यों किया जाए? वे सब कुछ सही समय पर क्यों नहीं पा सकते? उन्हें पूरी देखभाल क्यों नहीं मिल सकती?

मेरा मानना है कि यदि नेतृत्व ध्यान दे और प्रोमो, प्रमोशन और प्रॉमिस पर नजर रखें तो वे भी सब कुछ पा सकते हैं।

मेरी यात्रा का एक उद्देश्य था। मुझे एक जेल में शैक्षिक कार्यक्रम का शुभारंभ करना था लेकिन मैंने वहाँ जो कुछ देखा, उससे सिद्ध हो गया कि एक बेहतर और सृजनशील हिस्सेदारी से क्या–क्या हो सकता है।

अमृतसर के जेल सुपरिटेंडेंट के विजय प्रताप सिंह तथा गुरु नानक देव विश्वविद्यालय के उपकुलपति सही मायनों में प्रमाणित व्यावसायिक कोर्सों के माध्यम से विश्वविद्यालय को ही जेल में ले आए। यह एक दुर्लभ सांझेदारी थी जहाँ उपकुलपति स्वयं शिक्षा के प्रसार की पहल कर रहे थे। जेल नेतृत्व ने स्थान तैयार किया तथा विश्वविद्यालय ने अध्यापक व शिक्षण सामग्री आदि उपलब्ध कराए।

जहाँ तक मेरी जानकारी है, आज तक किसी भी विश्वविद्यालय के वाइस चांसलर ने ऐसी पहल नहीं की। मुझे पूरी दुनिया की तीस से अधिक जेलों का दौरा करने का मौका मिला। उनमें से कई जेलों में शैक्षिक कार्यक्रम तो थे किंतु वे बाहरी शैक्षिक संस्थानों व विश्वविद्यालयों से थे, जिनके लिए काफी कीमत चुकानी पड़ती थी। गुरु नानक देव विश्वविद्यालय ने जितने कोर्स आरंभ किए हैं, उतने कोर्स तो कहीं भी नहीं थे। वे भी सब बिना किसी शुल्क के, फिर चाहे वह भारतीय हो, पाकिस्तानी हो या फिर बंगलादेशी, सभी निवासियों के लिए...

हजारों निवासियों की उपस्थिति में कार्यक्रम का आरंभ हुआ उन्होंने बड़ी प्रसन्नता से जेल व विश्वविद्यालय के अधिकारियों को धन्यवाद दिया।

सुधारात्मक शिक्षा ही किसी भी सुधार का मार्ग हो सकती है जेल में चाहे कोई कातिल हो, आतंकवादी हो, बलात्कारी हो, स्मगलर हो या फिर नशीले पदार्थों का धंधा करने वाला...यदि उसे शिक्षा प्राप्त करने की प्रेरणा दी जा सके तो अपराध को काफी हद तक रोका जा सकता है। उन्हें आध्यात्मिक शिक्षण से जोड़ा जाए तो अपराधों में और भी कमी आ सकती है। कोई मुक्त प्रजातांत्रिक समाज अपने सुधारात्मक तंत्र से और क्या चाह सकता है? बिल्कुल यही तो... वाइस चांसलर व जेलर महोदय ने हमें राह दिखाई है...

यहाँ से मैं एक दूसरे कार्यक्रम के बारे में चर्चा करना चाहूँगी जहाँ एक अद्भुत

तरीके से पहल करने का तरीका सुझाया गया। यह उन हजारों अनाथ बच्चों की शिक्षा का प्रश्न था, जिनके पिता नशीली दवाओं के जाल में फँसकर भटक जाते हैं। गैर–जिम्मेदार लोग अपनी जिम्मेवारी समझे बिना बच्चों को जन्म देते हैं। मैं वहाँ बैठी एक औरत से मिली, उसे बताया कि उसने नशीली दवाओं की वजह से अपने सात बेटे गँवा दिए। विद्यामंदिर नामक स्वयंसेवी संस्था इन अनाथों को कंप्यूटर व व्यावसायिक शिक्षा दिलवाती है। संस्था ने आज तक किसी सरकारी अनुदान की अपील नहीं की और न ही प्राप्त की है। शहर के संसद सदस्य नवजोत सिंह सिंधू जी की मदद से संस्था ने बच्चों के लिए अतिरिक्त कमरे बनवाए हैं। यह लोगों की शिक्षा के प्रति वचनबद्धता का मॉडल है, जो स्वयं ही शिकार हो गए होंगे एक ही दौरे में इतने निरीक्षण व शिक्षा से, कितने ही संदेश लिए जा सकते हैं।

> ! जहाँ चिंता होती है, वहीं सुधार होता है। जहाँ कोई लगाव नहीं होता, वहाँ अव्यवस्था व कलह फैलती है। !

सबसे खास बात तो यह है कि जहाँ चिंता होती है, वहीं सुधार होता है। जहाँ कोई लगाव नहीं होता, वहाँ अव्यवस्था व कलह फैलती है।

समाज को स्वयं चुनना होगा–सेवा के लिए स्वयं पहल करनी होगी।

❑

53

आप श्रेष्ठ हैं

इस बार मैं आपके साथ अपने दो अनुभव बांटना चाहूंगी। ये दोनों ही हमारे समाज में ऊंचा स्थान रखते हैं। पहला उन लोगों से जुड़ा है, जो देश का शासन संभालने को तैयार है तथा दूसरा उन लोगों से, जिन्हें आज़ाद होने की आवश्यकता है।

वे दोनों कौन हैं? यह पढ़ने से आप जान जाएंगे। मंसूरी के लालबहादुर शास्त्री प्रशासन अकादमी में 300 युवा आई.ए.ए., आई.पी.एस., आई. आर. एस. व अन्य भारतीय सिविल सेवाओं में पुरुषों व महिलाओं से मिलने का अवसर मिला। मुझे इस समूह के नेतृत्व विषय से जुड़े कोर्स में बोलने के लिए बुलाया गया था।

इन लोगों से मुलाकात से पहले, मुझे शताब्दी से, दिल्ली से देहरादून का, छः घंटे का सफर तय करना पड़ा। मुझे इस यात्रा में ही विषय पर बोलने का काफी समय मिल गया। यू.पी.एस.सी. के चयन व नियुक्ति प्रक्रियाओं से गुज़र कर मेरे सामने पहुंचने वाले समूह को देखते ही मेरे मन में कई प्रश्न घुमड़ने लगे। मैंने इन्हीं लोगों से कुछ बुनियादी सवाल पूछते हुए अपनी बातचीत शुरू की। मैं प्रश्नों की लंबी सूची देख कर आश्चर्यचकित थी।

मैंने उन्हें कहा कि क्या उन्हें अंदाज़ा है कि वे सबसे बेहतर हैं, राष्ट्रीय स्तर की परीक्षाओं ने उन्हें प्रमाणित किया है और अपनी बाकी जिन्दगी में उन्हें इस बात को सच कर दिखाना होगा। क्या वे जानते हैं कि वे कुछ खास लोगों में से हैं? करोड़ों लोग परीक्षाएं देते हैं लेकिन कुछ गिने–चुने लोग ही वहां तक पहुंच पाते हैं। क्या ऐसा नहीं कि उनकी प्रार्थनाओं का जवाब मिला है? क्या इसके लिए उन्हें भारी कीमत नहीं चुकान पड़ी? यह सब उनके अध्यापकों, माता–पिता, मित्रों, शुभचिंतकों व पूरे

देश की दुआओं का फल नहीं हैं? हर निवेश के साथ कुछ आशाओं व उम्मीदों का जुड़ाव स्वाभाविक ही होता है। अब यहां इस अकादमी में इस पर और निवेश किया जाएगा।

> ! हमारे आज के प्रशासक, अपने कल के वादे निभाएं तो कोई भी बंधक न रहे। !

"आप पहले से ही सुविधा संपन्न वर्ग से हैं? आप वह सब कुछ कर पाएंगे, जिसे पाने का दूसरे सपना देखते हैं मैंने उनसे कहा। वेतन, मकान, वाहन, सहायक, स्वास्थ्य रक्षा, यात्रा स्तर काम पर जाने के बाद जैसे–जैसे तजुर्बा बढ़ेगा, आप बेहतर ऑफिस! बेहतर घर! बड़ी–बड़ी गाड़ी! अतिरिक्त सहायक आदि चाहेंगे। यदि पुरुष हैं तो अतिरिक्त दहेज की मांग भी रख सकते हैं। क्या आप कार्य से मिलने वाली संतुष्टियों को प्राथमिकता देंगे? क्या आपको अपना इंतज़ार करने वालों की अहमियत समझ आएगी? क्या आप गांवों–देहातों में जाना पसंद करेंगे? ...." मैंने ऐसे कुछ सवाल पूछे और उन्हें सोचने पर मज़बूर कर दिया।

मैंने उनसे इन प्रश्नों के नोट्स लेने को कहा ताकि वे बाद में भी उनके बारे में सोच सकें। हो सकता है कि वे इन्हें भूल जाएं अथवा अनदेखा कर दें, लेकिन वे उन्हें कचोटेंगे अवश्य! यही मेरा उद्देश्य था।

मैं उनकी प्रतिक्रया देख चकित रह गई। उन सबने इन्हें नोट कर लिया था और अब वे उन पर मेरे हस्ताक्षर चाहते थे। उन सबने एक पंक्ति बना ली थी और मैं बारी–बारी से पृष्ठों पर हस्ताक्षर करती गई। इसी दौरान कई लोगों ने मेरे पाँव भी छुए, मैं नहीं जानती क्यों? मैंने शिक्षा के 'मंदिर' में इतनी विनम्रता कभी नहीं देखी थी। कईयों ने आ कर कहा कि वे देश को दिखा देंगे, कि वे सबसे बेहतर हैं। उस दिन को याद रखने के लिए मैंने 9/14 का नाम दिया क्योंकि उस दिन 14 सिंतबर थी।

इसके बाद घरेलू कर्मचारी संघ से साधारण–सी मुलाकात हुई। वे सब झारखंड जातीय क्षेत्रों की महिलाएं थीं। वे महिलाएं, घरेलू सहायता के लिए दिल्ली लाई गई थीं। वे वहां सैकड़ों की संख्या में थीं। वे 'करम' त्योहार मना रही थीं। नुझे बताया गया कि दिल्ली में उनकी संख्या लाख के करीब हैं लेकिन उन्हें खोजना या सब तक पहुंचना मुश्किल है। मुझे बातचीत के दौरान पता चला कि उन्हें सुदूर क्षेत्रों में बैठे लोगों से टेलिफोन पर बात तक नहीं करने दी जाती और न ही उनके संदेश दिए जाते हैं। वे न तो अखबार पढ़ पाती हैं और न ही उन्हें टी.वी. देखने दिया जाता

है। उनके आराम के कोई घंटे नहीं हैं। एजेंट से हुए अनुबंध की कोई प्रति उनके पास नहीं होती। वे अपने हकों के बारे में कुछ नहीं जानती। उन्हें एजेंट को अपने एक माह का वेतन देना पड़ता है। उनकी शिकायतें या यौन–उत्पीड़न की दिक्कतें, अगर पुलिस अधिकारियों तक पहुंच भी जाएं तो उनका निपटारा, उनकी संवेदनशीलता पर निर्भर करता है। उन्हें आसपास के सरकारी अस्पताल तक की जानकारी नहीं होती। वे महिला हेल्पलाइन नंबर 1091 के बारे में भी नहीं जानतीं।

मुझे पूरा यकीन है कि हमारे आज के प्रशासक, अपने कल के वादे निभाएं तो कोई भी बंधक न रहे। हज़ारों औरतों को घर से बेघर न होना पड़े। इस बार मेरी एन.जी.ओ. नवज्योति ने उन्हें मदद देने के लिए कमर कस ली है। अब उनके मुद्दें को नज़रदांज नहीं किया जा सकता।

❑

54

भारत बदला तो है पर...

मैं एक ऐसे भारतीय युवक का अनुभव देना चाहती हूँ, जो पूरे चार वर्ष बाद भारत लौट रहा था, वह पिछले चार वर्षों से यूनाईटेड स्टेट्स में था। मैं जानती थी कि उसका यह अनुभव हमारे लिए कारगर हो सकता है। उसने कहा–

"ज्यों–ज्यों मैं नई दिल्ली के करीब आता जा रहा था, मेरी उत्सुकता बढ़ रही थी, अपने घर पहुँचने की इच्छा, जिसे मैंने पिछले वर्षों में महसूस ही नहीं किया था। मैंने आइपोड चलाया तो जन गण मन के स्वर गूँजने लगे। मैं अपने स्थान पर खड़ा हो जाना चाहता था लेकिन लोगों की तीखी निगाहों से बचने के लिए मैंने ऐसा नहीं किया और कविता कृष्णामूर्ति के मीठे स्वर में राष्ट्रीय गान सुनता रहा।

मैं सुन चुका था कि भारत में काफी नाटकीय बदलाव आए हैं। जिस भारत को मैं साढ़े चार साल पहले छोड़ गया था, वह अब वैसा नहीं रहा। मैं स्वयं ही इस तथ्य की खोज कर सकता था, जिसमें कुछ ही मिनटों की देर बची थी।

कस्टम की लाइन में खड़े–खड़े मैंने अपनी जमीन की हवा में गहरी साँस ली। लोगों के टैल्कम पाउडर की गंध मेरे नथुनों में समा रही थी। बचपन से ही उस टैल्कम की गंध को इतना महसूस किया था कि हम उसके आदी हो गए थे और उस पर इतना ध्यान तक नहीं देते थे लेकिन आज साढ़े चार साल बाद, पश्चिम की स्टराइल हवा में सांस लेने के बाद, मेरे दिमाग ने उस टैल्कम की गंध को पहचान लिया। मैं काउंटर तक पहुँच गया था। मैं बाहर निकला और लगा कि बैग टर्मिनल पर काफी लंबा इंतजार करना होगा लेकिन मेरी हैरानी की सीमा न रही। हमारे बैग पहले ही बाहर आ गए थे और करीने से एक ओर लगा दिए गए थे। विदेशों में तो यह प्रक्रिया घंटों लंबी हो जाती थी। हमें खुद ही बैग लेकर गाड़ी पर ढोने पड़ते थे।

मैंने बैग उठाए और मन ही मन सोचा कि ग्रीन चैनल पर लोग परेशान करेंगे। मैंने मन ही मन फैसला कर लिया कि उनकी बातों में नहीं आऊँगा। मुझे एक और झटका लगा। मैं एक मिनट में ग्रीन चैनल से बाहर आ गया, न तो किसी ने रोका और न ही कुछ माँगा। मेरे दोस्त ठीक कह रहे थे 'भारत बदल गया है!'

घर में नाश्ता करते समय, मैं टी.वी. शो में आमिर खान को देख रहा था। मुझे एहसास हुआ कि भारतीय समाज तेजी से पोलराइज्ड हो रहा है। दोनों ओर बैठे लोग एक–दूसरे का नजरिया सुनने को तैयार नहीं थे नतीजतन मध्यम स्वर दबकर रह जाता था। आज मध्यम स्वर को एक ऐसा मंच चाहिए, जहाँ उसे सुना जा सके। आज के युवा को इस स्वर को सुनना होगा।

भारी नाश्ते के बाद, मैं काफी समय बाद फिल्म देखने गया। मैंने मल्टीप्लेक्स में 'फना' देखी। वहाँ पहुँचकर हमने ब्लैक में तीन टिकटें खरीदीं। वहाँ की सुविधाएँ काफी बेहतर और प्रशंसनीय थीं।

थिएटर से बाहर आते समय, लोगों की सोच से मुझे धक्का लगा। उनमें सिविक सेंस की कमी दिखाई दे रही थी। मैंने ध्यान दिया कि पूरे हॉल में सिर्फ मैंने ही पॉपकॉर्न और चाय लेने के बाद, कचरा कूड़ेदान में डाला था। बाकी लोग फर्श पर या अपनी सीट पर ही कूड़ा छोड़ गए थे। जब बाहर निकला तो भी चारों ओर कचरा दिखाई दिया। वही सोच; जब यह मेरी जगह नहीं है तो मैं क्यों परवाह करूँ? भारत नहीं बदलेगा–लोगों में सिविक सेंस नहीं आएगी।

कुछ दिन पहले मैंने पूना के लिए उड़ान ली। मैं स्पाइस जेट की एक्जिट रो में बैठा था। मेरे साथ बैठा व्यक्ति, बीसेक साल का रहा होगा। वह खिड़की वाली तरफ बैठा था। जब उसे वहाँ बैठने की जिम्मेवारी के बारे में बतलाया गया तो वह चिड़चिड़ा–सा गया और अपनी अरुचि दिखाई। कुछ ही मिनट बाद हमारे लिए टॉफियाँ आईं, उसने कुछ टॉफियाँ लीं और खाते समय कागज वहीं फेंक दिए। इससे मेरे मन में वही बात आई, जो मैं पहले ही बता चुका हूँ।

नैतिक दायित्व कहाँ है? देश को साफ रखने का नागरिक बोध कहाँ है? हम अपने में इतने खोए हैं कि बड़ा परिदृश्य दिखाई नहीं देता? क्या हम नहीं देख रहे कि हमारी छोटी–छोटी गलतियों व लापरवाही से पूरा देश कूड़ेदान बन रहा है? हम कहते हैं कि विदेशों ने भारत में अपनी बेकार तकनीक, शिपयार्ड में जहरीले व्यर्थ आदि भेज कर उसे कूड़ेदान बना दिया है, हमारा अपने बारे में क्या ख्याल है? हम भी तो यही कर रहे हैं! यहाँ तो कोई विदेशी हाथ नहीं है, न?

जनता; जागो! इससे पहले कि देर हो जाए, संभलो! एक देश में, समाजवादी

ढांचे से बनी संस्थाओं के बावजूद, कुछ ही वर्षों में अपना पुराना चोला उतार कर, कायाकल्प करने की ताकत होती है। हम 2020 तक एक विकसित राष्ट्र बनने का सपना देखते हैं लेकिन जब भी हम सड़क पर यहाँ सार्वजनिक स्थल पर थूकते हैं तो देश अपने लक्ष्य से एक कदम पीछे हट जाता है।

> ! जब भी हम सड़क पर या सार्वजनिक स्थल पर थूकते हैं तो देश अपने लक्ष्य से एक कदम पीछे हट जाता है। !

हमें बस थोड़ा सा अनुशासन चाहिए। हम अवज्ञा को हथियार बनाकर आजादी के लिए लड़ें। काश कि हम समझ पाते कि राष्ट्र हमसे संबंध रखता है और इसका निर्माण हमारा उत्तरदायित्व है। हम अब विदेशी शासन तले नहीं कि अपनी जिम्मेवारी समाज पर डाल दें... उस युवक ने सब कह दिया। वह अपने देश को सबसे बेहतर बनाना चाहता था... क्या हम भी ऐसा चाहते हैं?

❑

55

हम फिर लौटेंगे

मैं पिछले वर्ष अपनी धर्मपुत्री के माध्यम से हीथर व मार्क से मिली। वे दोनों अमरीकी हैं तथा न्यूयॉर्क में रहते हैं। वे भारत के बारे में ज्यादा जानने के इच्छुक थे। उन्हें हमारा मसालेदार तीखा भोजन, हमारे लोग, हमारे आध्यात्मिक व रोमांचक पर्यटन स्थल, सब बेहद पसंद हैं। हीथर 'क्राइसिल' के लिए काम करती है तथा मार्क एक 'एंथ्रोपोलॉजिस्ट' है जो एक गैर लाभ वाली पत्रिका के लिए लिखता भी है।

उनकी इस रुचि को देखते हुए, मैंने उन्हें अपनी ग्रामीण परियोजना में हिस्सा लेने के लिए बुलाया। यह दिल्ली से करीब 35 कि.मी. की दूरी पर था। वे हमारे प्रांथमिक विद्यालयों की अध्यापिकाओं के साथ इंग्लिश स्पीकिंग कोर्स कर सके, गाँव घूमे और मोटरसाईकिलों पर, कुछ ही मील की दूरी पर स्थित झील तक भी गए।

वे काफी उत्साहित थे। वे एकत्र हुए और अपनी दिनचर्या को उसी हिसाब से व्यवस्थित किया। हीथर, यू.एस. के प्रमुख प्रकाशक मैकग्रा हिल्स (उसके नियोक्ता) के पास गई, उन्होंने उसे शैक्षिक सामग्री दी। हीथर के सहकर्मी, जो भारत में 'क्राइसिल लि' में कार्यरत हैं, उन्हें बच्चों की कहानियों का अनुवाद करके दिया।

दंपति अपनी इच्छा से, गाँव में परियोजना स्थल पर रहना चाहते थे। वे जानते थे कि गाँव में बिजली की तंगी होती है, मच्छर काटते हैं और सुबह तीन बजे कुत्ते भौंकने लगते हैं पर इसके बावजूद वे अपने छात्रों को केंद्र बिंदु बनाना चाहते थे।

उन्होंने पहुँचने के अगले दिन से ही हमारे इन–हाउस परियोजना संयोजक चांदनी व शकीरा की मदद से अध्यापिकाओं व छात्रों के साथ काम शुरु कर दिया। दूसरी ओर छात्र भी बिना किसी हिचक या शर्म के अंग्रेजी बोलना सीख रहे थे।

मैं भी इसका प्रभाव देखने को इच्छुक थी इसलिए एक फीडबैक सत्र हुआ।

मैं सचमुच कई अनुभवों के साथ लौटी। मुझे खुशी हुई कि हमने अपनी सोच, अपनी योजना को साकार कर दिखाया।

इसने बेशक सिद्ध कर दिया कि स्कूलों व शैक्षिक संस्थाओं में सही तरीके से अंग्रेजी नहीं पढ़ाई जाती। यह प्रशासन, सरकार, शिक्षा, समाज, सेवा व माता–पिता के लिए भी एक संदेश था। उन्हीं के शब्दों में सुनें:–

> !
> तुम अपनी जिन्दगी के लिए सीख रही हो।
> !

1. "मैंने अपनी जिंदगी के 10–12 साल यूँ ही बिता दिए पर मैं अंग्रेजी में अपने विचार प्रकट करना नहीं सीख सका। मैं उस खोए समय को पाना चाहता था और इस कोर्स की वजह से वह संभव हो सका..."
2. "हमेशा बच्चे मेरी गलतियाँ सुधारते और मजाक उड़ाते... अब मुझे इससे खुशी होगी और मैं उनकी गलतियाँ भी सुधार पाऊँगा क्योंकि मुझे कहने का सही तरीका आ गया है..."
3. "मेरे लिए एक नई दुनिया के द्वार खुले हैं। पहले मेरे लिए किसी और को बोलना पड़ता था। अब मैं अपनी बात स्वयं कह सकती हूँ..."
4. "हमें आज से पहले ऐसा प्रशिक्षण कभी नहीं मिला। हमें किसी ने भी इस तरीके से नहीं पढ़ाया। हमें मौका ही नहीं मिला... पहली बार ऐसा अवसर मिला..."
5. "सीखने का माहौल बहुत अहमियत रखता है। मैं शब्दकोश की मदद लेती थी पर इससे भी कोई फायदा नहीं होता था। स्कूल के बाद घर व बच्चों का भी काफी काम होता है इसलिए पढ़ने का समय नहीं मिल पाता। यहाँ बहुत कुछ सीखने को मिला..."

मैंने पूछा, "अंग्रेजी में बातचीत करना सीखने के अलावा आप लोगों ने कुछ और सीखा?"

उन्होंने कहा–

1. "अब मैं अंग्रेजी खबरें जरूर देखूँगी।"
2. "मैं अंग्रेजी अखबार पढ़ने से नहीं कतराऊँगी।"
3. "मैं दोपहर के रिव्यू अंग्रेजी में देने से नहीं हिचकूंगी।"
4. "मैं घर में बच्चों से अंग्रेजी में बात कर पाऊँगी।"
5. "मैं बच्चों की अंग्रेजी किताबें पढूँगी। पहले मैं उन्हें एक ओर रख देती थी।"

6. "मैंने उन्हें व्यवस्थित रूप से काम करते देख समय प्रबंधन करना सीखा है।"
7. "मैं अंग्रेजी बोलने से नहीं घबराऊँगी, चाहे गलतियाँ ही क्यों न हों, इसी तरह तो मेरा अभ्यास होगा।"

हमने इसी परियोजना में जाना कि 'अंग्रेजी बोलना' उनके लिए कितना महत्त्वपूर्ण था। जब वे दूसरों को अंग्रेजी बोलते देखते तो कितना शर्मिंदा होते। उनमें कितनी हीनभावना भरी थी। वे अंग्रेजी खबरों, समाचार पत्रों व फिल्मों के बिना कितना अधूरा महसूस करते थे। वे बच्चों को पढ़ानें से कितना कतराते थे।

एक दस वर्षीया छात्रा से उसकी माँ ने कहा–

"तुम अपनी जिंदगी के लिए सीख रही हो।"

जब कुछ अध्यापक व छात्र अंग्रेजी सीख रहे थे तो मार्क ने पंडित छात्रों से संस्कृत सीखने का प्रयास किया। टीचर ने मार्क से कहा–

"थोड़ी बहुत असुविधा के बावजूद सकारात्मक अनुभवों की कमी नहीं रही। हम उनकी वचनबद्धता, असामान्य क्षमता, निजी स्पर्श, हास्यप्रियता, स्वादिष्ट शाकाहारी भोजन, आंगन में छन–छन कर आती धूप से बेहद प्रभावित हुए। इस दो सप्ताह के मिशन में ही वे लोग कितने आत्मविश्वास से अंग्रेजी वाक्य बोलने लगे... हमें वापिस आना होगा–बाँटने व सीखने के लिए।"

फीडबैक सत्र के बाद पूरी कक्षा, मोटरसाईकिलों पर सवार हो कर झील की ओर रवाना हो गई। वहाँ गपशप और संगीत का आनंद लिया।

❑

56

आइए, घूमने चलें

सुबह सोकर उठते ही सबसे पहले मैं अपने शहर के खूबसूरत बगीचे में घूमने जाती हूँ। मैं अपने साथ कोई ट्रांजिस्टर, ऑडियो सी.डी. या टेप ले जाती हूँ ताकि समाचार या कोई प्रवचन वगैरह सुन सकूँ।

यह मेरे दिन का सबसे अच्छा घंटा होता है। इसके बिना मेरा गुजारा नहीं चलता, न ही मैं उस बगीचे के बिना रह सकती हूँ, जहाँ में हर रोज घूमने जाती हूँ। आइए, आप भी मेरे साथ चलिए और देखिए कि मैं क्या करती हूँ।

ज्यों ही में पार्क या बाग के पास पहुँचती हूँ तो मुझे अंदर जाने के लिए, वहाँ खड़ी कारों और मोटर साईकिलों से होकर निकलना पड़ता है हालांकि वहाँ से थोड़ी ही दूरी पर पार्किंग स्थल बना हुआ है। जैसे ही मैं पार्क में पहुँचती हूँ तो पेड़ों की ओर से ताजी हवा या फूलों की खुशबू आने की बजाए, शौचालय से बदबू आती है, जो प्रवेश द्वार के पास ही बना है।

अब मैं पैदल चलने वाली पटरी पर हूँ। यह लाल कोटा पत्थर के बड़े टुकड़ों से बनी है। इस पर काफी मिट्टी है इसलिए आँखों को इसका रंग दिखाई नहीं देता। अब मैं समाचार या प्रवचन सुनने के लिए अपना यंत्र चालू करती हूँ ताकि उसमें मग्न हो सकूँ लेकिन मुझे बड़ा चौकस रहना पड़ता है क्योंकि जरा–सा ध्यान बँटते ही, मेरा पाँव लेब्राडोर कुत्तो के मल पर पड़ सकता है, जो कि पटरी के बीचोंबीच पड़े हैं।

विदेश में मैंने देखा है कि लोग जब कुत्ता घुमाने ले जाते हैं तो उनके पास इस्तेमाल के बाद फेंकने वाले दस्ताने और थैली होती हैं ताकि वे कुत्ते का मल उठा लें। वे उसे सड़क पर दूसरों का पाँव गंदा करने के लिए नहीं छोड़ सकते। उन्हें कुछ सौ डॉलर का जुर्माना भरना होगा।

मैं आगे बढ़ती हूँ... कई जानकार चेहरे दिखते हैं। वे मुझे परेशान नहीं करेंगे क्योंकि उन्हें पता है कि मैं अकेले ही घूमना पसंद करती हूँ लेकिन मुझे जोर–जोर से ठहाके लगाए, लंबी–लंबी हरि–ओम की पुकार व बातचीत के स्वर सुनाई देते हैं... ऐसा लगता है कि सिर्फ वे ही इस जगह के मालिक हैं। उन्हें इस बात से कोई मतलब नहीं कि इससे दूसरों की शांति भंग होती है। मैं अपने यंत्र से आवाज तेज कर लेती हूँ और इयरफोन को ठीक करके, आगे निकल जाती हूँ।

अब मैं थोड़े साफ–सुथरे हिस्से में हूँ। मैं अपनी रीढ़ की हड्डी की कसरत करते हुए दोनों बाजुएँ झुलाती हूँ। अब मैं ढलान से उतर रही हूँ। मुझे लगता है कि यह हिस्सा काफी लंबा होगा, लेकिन ऐसा नहीं है।

ढलान के नीचे ही पड़ोस के स्टेडियम का, बड़ा–सा कूड़े का ढेर था। यह उनके स्टेडियम का पिछला हिस्सा है लेनिक उन्हें इस बात की परवाह नहीं है कि पड़ोसी पार्क में लोग सुबह की चहलकदमी के लिए आते हैं।

सिर्फ यही नहीं, कभी–कभी मुझे आवारा कुत्तों का साथ भी मिल जाता है या वे मेरा रास्ता रोक लेते हैं। मैं उन्हें ऐसा करने देती हूँ, भई यह उनकी भी तो जगह है। मुझे लगता है कि ऐसे हालात में शांतिपूर्ण तरीके से साथ चलने में ही भलाई होती है। कौन जानता है कि शायद मैं ही उनकी जगह पर घुसपैठ कर रही हूँ इसलिए मैं चुपचाप वहाँ से निकल आती हूँ और उन्हें अनदेखा कर देती हूँ।

मैं आगे चलती हूँ। अब मैं खेल के बड़े से मैदान के पास हूँ। वहाँ लड़के (माफ कीजिए, कोई लड़की नहीं) क्रिकेट खेल रहे हैं। वहाँ एक से ज्यादा टीमें होती हैं। सभी आस–पास खेल रहे हैं। शायद अनजाने में वे एक–दूसरे के गेंद भी पकड़ लेते होंगे। सब ऐसे गेंद ठोंकते हैं मानो सभी 'धोनी' हैं... यह सब तभी तक अच्छा लगता है, जब तक गेंद मुझे नहीं लगती। कई बार, बस गेंद लगते–लगते बची है लेकिन मेरी मम्मी नहीं बच सकी थीं। उनकी कनपटी पर बड़ी बुरी तरह से गेंद लगी थी। उनकी आँख पर चोट लगते–लगते बची।

स्कूलों की छुट्टियाँ शुरु होते ही, पार्क की सभी खाली जगह पर क्रिकेट शुरु हो जाता है, पेड़ों को स्टम्प बना लेते हैं। आप विदेशों में घास पर पाँव तो रखें, उसी समय जुर्माना भरना पड़ेगा। आपको घास से परे रहना होगा। यहाँ बिल्कुल उल्टा है। सच्चा प्रजातंत्रा!

एक दिन जब टहलपट्टी से जा रही थी तो पीछे से कुछ साईकिलें बड़ी तेजी से आईं। वे स्कूली बच्चे थे। मैंने एक बच्चे की साईकिल का कैरियर पकड़ कर रोका और उन्हें कहा कि यह साईकिल चलाने की जगह नहीं, यहाँ सभी पैदल चलते हैं।

वह साईकिल से उतर गया लेकिन थोड़ी दूर जाने के बाद उसने पीछे मुड़कर देखा, फिर साईकिल चलाते हुए तेजी से आगे निकल गया।

> विदेश में मैंने देखा है कि लोग जब कुत्ता घुमाने ले जाते हैं तो उनके पास इस्तेमाल के बाद फेंकने वाले दस्ताने और थैली होती है।

सबसे बदतर चुनौती तो अभी सामने आई है। पार्क का यह तिकोना कोना, सड़क के किनारे पड़ता है। इस पर सारी खुदाई हुई पड़ी है। इसे शादी–ब्याह का मैदान बना दिया गया है। वहाँ शादियाँ और रिसेप्शन होते रहते हैं। हमारी सैर का रास्ता करीब 200 मीटर काट दिया गया है क्योंकि पार्क का यह हिस्सा चलने लायक नहीं रहा। वहाँ पड़ी जूठन से बदबू आ रही है, जिसे बरदाश्त करना मुश्किल है।

जब मैं वापसी पर फव्वारे वाले रास्ते से गुजरती हूँ तो इसके कोने की दीवारें और फर्श खुदे हुए हैं। सारी लाइटें और तारें जड़ से उखड़ी हुई हैं। मुझे याद नहीं आ रहा कि आखिरी बार उनका इस्तेमाल कब हुआ होगा? फव्वारों के लिए बना पानी का बड़ा हौद, पूरा साल मच्छरों का अड्डा बना रहता है। इसमें हमेशा गंदा पानी भरा रहता है, जिसे कभी निकाला नहीं जाता। शायद बारिश का इंतजार है? इसी तरह टहलपट्टी भी साफ होने व धुलने के इंतज़ार में है।

मैं उसी ओर से वापिस लौटती हूँ, जहाँ से पार्क में गई थी। मैं करीब चालीस मिनट चल चुकी हूँ और अपने समाचार व प्रवचन सुन चुकी हूँ।

इससे मेरा दिन बहुत बढ़िया बीतता है। मैं उस बगीचे में सैर करके आई हूँ, जहाँ मेरी मम्मी सालों–साल सैर पर आती रहीं।

वे जब तक जीवित रहीं, इस पार्क में सैर करने आती रहीं। इन सारी रुकावटों के बावजूद मुझे यहाँ चारों ओर उनकी मौजूदगी का एहसास होता है।

मैं सिर्फ यही चाहती हूँ कि मेरी मम्मी के इस पार्क की बेहतर देखभाल होती। मुझे तो दूसरे सार्वजनिक स्थानों की तरह यह भी अनाथ हो लगता है।

❑

57

अवकाश से मिले सबक

मेरे एक मित्र विदेश में रहते हैं। उन्होंने हाल ही में अपने परिवार व मित्रों सहित जो अवकाश मनाया, उसके विषय में उन्होंने मुझे ई–मेल भेजा। जिसे मैं आपके लिए पेश कर रही हूँ। यह विवरण काफी रोचक होने के साथ–साथ शिक्षाप्रद भी है। मुझे लगा कि इसे आप लोगों के साथ अवश्य बाँटना चाहिए:–

आकाश ने लिखा (ई–मेल के लेखक):–

टरहो में वीकएंड मनाने का अपना ही मजा है (कैलीफोर्निया और नेवादा की सीमा पर स्थित प्रसिद्ध झील टरहो), खासतौर पर मित्र व परिवार भी साथ हों, तो बात ही क्या है। यह ट्रिप हकीकत में उन लोगों के लिए नहीं था जो करते, इसके लिए कुछ ऐसे यात्री चाहिए थे हर मुसीबत सहकर भी पीछे न हटें। मूलयंदानी लोढ़ा, रायचूर और भाटिया परिवारों ने मिलकर तय किया कि वे कदम पीछे नहीं हटाएँगे।"

"वीरवार को ही केबिन आरक्षित कर लिया गया तथा एक वैन का इंतजाम किया गया, जिसमें आठ लोग जा सकें। शुक्रवार को अचानक पता चला कि जिस कंपनी ने वैन किराए पर देनी थी, वह आठ नहीं पाँच लोगों वाली वैन ही दे सकती है। बहुत से फोन और परेशानी के बाद पता चला कि शाम के पाँच बज गए थे और कार का अता–पता नहीं था। उसने यह काम सुनील और जे.पी. को सौंप दिया।

आखिरी घड़ी में वे एक वैन मंगाने में सफल रहे, जिसमें बारह लोग बैठ सकते थे। मैंने कहा न कि धूप हो या बारिश, हम रुकने वाले नहीं थे लेकिन क्या मैंने 'बर्फ' का नाम लिया था?

जब तक हम हाईवे पर पहुँचे तो साढ़े–दस बज गए थे और बूंदा–बांदी शुरु हो गई थी। सिर्फ जे.पी. ही वैन चला सकता था। हम कार ऑफिस को तलाश रहे थे ताकि दूसरे ड्राईवर के तौर पर मेरा नाम लिखाया जा सके। बारिश इतनीं तेज थी कि क्या कहें! लेकिन इससे कोई फर्क नहीं पड़ता था, हम टहो की ओर बढ़ रहे थे।

> ! जहाँ चाह, वहाँ राह। !

जब हम 'टहो' के पास पहुँचे तो बारिश बर्फ में बदल गई। हम सोच ही रहे थे कि पहियों में चेन का इस्तेनाल करें या नहीं! पुलिस ने हमारे लिए फैसला ले लिया : हमें चेनों का इस्तेमाल करना था फिर हमने पहियों पर चेन लगने तक इंतजार किया। तब तक सिर्फ कुछ फीट तक ही दिखने लगा था। जे.पी. ने बर्फ में भी बड़ी खूबसूरती से गाड़ी चलाई। मैं साथ बैठा यह देखता रहा कि कहीं हम सड़क से नीचे तो नहीं उतर गए। जे.पी. अपने अंदाज से आगे बढ़ता रहा और हम पाँच बजे केबिन तक पहुँच गए।

करीब दो घंटे की नींद के बाद हममें से कुछ स्कीईंग के लिए चले गए। वैन में थोड़ी दूरी तक जाने के बाद हमें लगा कि चेन कहीं टकरा रही थी। वाह क्या सवारी थी! हमने ऊँची ढलानों पर अपनी स्कीईंग जारी रखी।

वापसी पर तो चेन का शोर बरदाश्त के बाहर हो गया। हमें एहसास हुआ कि हमें उनकी जरूरत नहीं थी इसलिए हमने उन्हें निकालने का फैसला किया। चेन के हुक खोलने से न सिर्फ आवाज तेज हुई बल्कि एक्सल पर भी कुछ टकराने लगा। चेन बाहर आने की बजाए एक्सल से लिपट गई थी।

तो अब हम सड़क के बीचोंबीच खड़े थे, आसपास तेजी से ट्रैफिक निकल रहा था। किसी भी ड्राईवर की गलती से हम कुचले जा सकते थे। हम सबने उलझी चेन निकालने की कोशिश की लेकिन बेकार! तभी एक भले इंसान ने हमें एक चेन देकर मदद की। तभी मुझसे दूसरी चेन का हुक निकल गया और हमने उसे भी खोल दिया! पचास कि.मी. प्रति घंटे की रफ्तार से गाड़ी चली तो आनंद आ गया।

हमारी राह में चारों ओर सफेद चादर बिछी थी। हमें पूरे एक घंटे तक उस ताजी और नरम बर्फ में खेलते रहे। सभी बारी–बारी से उसमें धंसे। कभी आपने बर्फ पर भागने की कोशिश की है? यह पूल में भागने की कोशिश से भी बुरा होता है! सूर्यास्त से पहले हमने खाड़ी क्षेत्र देखा! लेकिन अपने दिल टरहो में ही छोड़ आए।

इन दो दिनों में काफी मुश्किलें झेलीं। कोई कंप्यूटर नहीं, सेलफोन नहीं (मैं घर पर भूल गया था) काम से छुट्टी और प्रकृति के साथ मस्ती! बर्फ से ढकी सीरा नेवादा पर्वत श्रेणी और बर्फीली नीली झील टरहो, हमेशा हमारी यादों में रहेगी।"

सबक : –

याद रखें – जहाँ चाह, वहाँ राह

याद रखें – भगवान की मर्जी के आगे, इंसान का बस नहीं चलता

याद रखें – एक और एक ग्यारह होते हैं

सचमुच ये सबक भूलने वाले नहीं हैं।

❑

58

शांति प्रचार

पिछले दो सालों ने मुझे कई तरह से प्रभावित किया। यू.एन. में पीस कीपिंग अभियानों में ड्यूटी देने के दौरान मुझे काफी गंभीर अवसरों का सामना करना पड़ा। मैंने देखा कि किस तरह देश कंगाल हो जाते हैं और ऐसे हालात पैदा करने वालों को देश निकाला दे दिया जाता है या वे कहीं और शरण पाने के लिए उड़ान भर लेते हैं।

मैंने देखा कि किस तरह पूरी पीढ़ी को उसकी जड़ों से उखाड़ दिया जाता है और लोगों को पड़ोसी देशों में शरणार्थी बनना पड़ता है। वे बेघर, असहाय होकर भूख से तड़पते हैं। मैंने छोटे बच्चों की सेनाएँ देखी हैं। मैंने देखा कि औरतें बिकने, खरीदने और बलात्कार के बाद भी चुप रहती हैं। मैंने देखा कि किस तरह नियोजित अपराध से हुई कमाई से देश को नियंत्रित किया जाता है। इसमें नशीली दवाओं का अपराध सबसे आगे है।

दुनि्या वैश्विक होती चली जा रही है। समुद्र में आने वाले भूकंप व तटरेखा में बदलाव की वजह से करोड़ों लोग पानी में अपनी कब्र बना चुके हैं। इनमें सारी दुनिया के लोग शामिल हैं। प्रकृति का विनाश किसी को नहीं छोड़ता चाहे वे देशी हों या विदेशी, अमीर हों या गरीब, युवा हों या वृद्ध! यह अलग–थलग पड़ी भूमि को भी प्रभावित करती है। लहरों के तांडव ने उन सबको एक किया। उनके लैंड माईंस पानी में बह गए, भगवान जाने कहाँ। यह भी कोई नहीं जानता कि इन बहती सुनामियों का अगला शिकार कौन होगा, समय ही बता सकता है।

मेरे दिमाग में यह आ रहा है कि किस तरह कुछ लोग, प्रत्यक्ष या अप्रत्यक्ष रूप से पूरी दुनिया के भाग्य पर राज करते हैं। यानी किस तरह दुनिया के नेताओं के

विश्वास व रवैए, पूरी दुनिया के लोगों पर अपना असर डालते हैं। वे भी तो ज्वार–भाटे की तरंगों से कुछ कम नहीं हैं! कितने इसे व्यक्तिगत रूप से जानते हैं? इसका विश्लेषण होना चाहिए? वे किस हद तक अपने कामों के लिए गहरी चिंता का विषय है? या वे अपने राष्ट्रीय हितों व सुरक्षा को ही सबसे ऊपर प्राथमिकता देते हैं?

मैं यहाँ कहना चाहूँगी कि हमें, पूरी दुनिया के लोगों को, आने वाले साल में वैश्विक रूप से केंद्रित होना होगा। क्या शुरुआत के लिए कोई एक चीज हो सकती है? अगर हम नेताओं को इसके लिए जवाबदेह मानते हैं तो हम इसकी शुरुआत अपने आप से कर सकते हैं, चाहे हम कहीं भी हों।

मेरे पास एक प्रस्ताव है, जिसे सामूहिक रूप से माना जाए तो हम शांतिपूर्ण समदुाय बना सकते हैं। ये प्लान हमें शांति की शक्ति द्वारा हिंसा समाप्त करने का अवसर प्रदान करेगा। यहाँ मैंने किसी व्यक्ति और उसके आसपास के परिवेश के लिए बीस सूत्र दिए हैं, जो शांति कायम कर सकते हैं। यदि इन्हें पूरी गंभीरता से अपनाया जाए, तो सामंजस्यपूर्ण परिवेश तैयार हो सकता है, शांतिद्वीपों से हिंसा की सुनामी को दूर रखा जा सकता है या तांडव से पहले ही उसका पता लगाया जा सकता है।

- अपने वरदान गिनें
- जहाँ भी हों, वहीं से भलाई शुरु कर दें
- अपने–आप को चोट न पहुँचाएँ
- सादगी से जिएँ
- जरूरतमंदों की मदद करें
- भीतरी शांति विकसित
- ध्यान लगाना सीखें
- जानें कि आपके कर्म महत्त्व रखते हैं
- प्यारा रवैया अपनाएँ
- दूसरों की सुनें व मदद करें
- शांति की पहल को प्रोत्साहित करें
- क्रोध करने से पहले सुनें
- पर्यावरण की देखभाल करें

- शांति के लिए आवाज उठाएँ
- खुले दिल वाले बनो
- शांति रैली आयोजित करें

> ! अभ्यास, अभ्यास, अभ्यास! जो भी करें, उसके प्रति जागरूक रहें। वर्षांत की प्रतीक्षा किए बिना समय-समय पर अपने काम का मूल्यांकन करें। !

अभ्यास, अभ्यास, अभ्यास। जो भी करें, उसके प्रति जागरुक रहें। वर्षांत की प्रतीक्षा किए बिना समय–समय पर अपने काम का मूल्यांकन करें। आप बीच में ही सुधार की प्रक्रिया अपना सकते हैं। फिर वर्ष के अंत में पूरी नजर दौड़ाएँ। यदि नियमित रूप से व अनुशासन से इन चरणों का अभ्यास किया जाए तो शांतिपूर्ण परिणाम सामने आ सकते हैं। यह हमारे अपने व दूसरों के लिए अधिकार व कर्त्तव्य दोनों हैं। आप सबको आने वाले प्रसन्न व शांतिपूर्ण नववर्ष की शुभकामनाएँ!

❑

नेतृत्व और प्रशासन

जैसा मैंने देखा...

किरण बेदी एक संवेदनशील पुलिस अधिकारी हैं। उन्होंने खाकी वर्दी को नयी गरिमा प्रदान की है। समाज में गैर–बराबरी, अन्याय और जुल्म उन्हें कतई बर्दाश्त नहीं होते। 'जैसा मैंने देखा' संकलन में उन्होंने अपने व्यक्तिगत अनुभवों को आधार बनाकर यह सिद्ध करने की कोशिश की है कि कारगर और प्रभावशाली हस्तक्षेप व्यवस्था और सामाजिक कुरीतियों के शिकार और खासकर महिलाओं को उनका हक दिलवाया जा सकता है और उन्हें अपने अधिकारों के लिए लड़ने को प्रेरित किया जा सकता है। एक बार पढ़ना शुरू करने पर आप इसे छोड़ नहीं पाएंगे।